QU'EST-CE QUE L'ÉTHIQUE
DES AFFAIRES ?

CHEMINS PHILOSOPHIQUES

Collection dirigée par Roger POUIVET

Alain ANQUETIL

QU'EST-CE QUE L'ÉTHIQUE
DES AFFAIRES ?

Paris

LIBRAIRIE PHILOSOPHIQUE J. VRIN

6, place de la Sorbonne, V[e]

2008

© *Librairie Philosophique J. VRIN, 2008*
Imprimé en France
ISSN 1762-7184
ISBN 978-2-7116-2156-9

www.vrin.fr

QU'EST-CE QUE L'ÉTHIQUE DES AFFAIRES ?

INTRODUCTION

L'éthique des affaires (*Business Ethics*), l'une des branches de l'éthique appliquée, vise à expliquer la manière dont les considérations morales sont prises en compte par les entreprises, à proposer des critères éthiques permettant d'évaluer leurs activités et à développer des approches normatives susceptibles de prescrire la manière dont elles devraient agir au sein de la société.

Sur le plan académique, ce champ de réflexion n'a connu un développement autonome qu'à partir de la fin des années 70, notamment grâce au lancement, entre 1982 et 1992, de trois publications de langue anglaise – respectivement les revues *Journal of Business Ethics*, *Business Ethics Quarterly* et *Business Ethics : A European Review*. Cette structuration de l'éthique des affaires en tant que discipline de recherche et d'enseignement a été pour une grande part due à l'impulsion de philosophes – dont John Boatright, Norman Bowie, Richard De George, Thomas Donaldson, Edward Freeman, Kenneth Goodpaster, Daryl Koehn, Sandra Rosenthal, Robert Solomon et Patricia Werhane, qui sont cités dans le présent ouvrage. Cela ne signifie naturellement pas que les réflexions éthiques relatives à la vie des affaires, par exemple au fonctionnement des entreprises et à leurs obligations à l'égard de leur environnement, étaient jusque-là absentes. Mais il existait plutôt, comme le souligne De George, une « éthique dans les affaires » qui était pratiquée par divers spécialistes des sciences humaines et sociales, ainsi que par des critiques du système capitaliste [1].

Il peut s'avérer commode de classer les questions abordées par l'éthique des affaires selon trois niveaux d'analyse. Le premier, individuel ou micro, comprend les questions morales que rencontre l'individu au sein d'une entreprise. Elles concernent par exemple les conflits de valeur auxquels un salarié peut être confronté, les facteurs qui peuvent le conduire à violer des normes morales ou les limites de la loyauté qu'il doit à son organisation. C'est à ce niveau que se situent les conseils pratiques donnés aux décideurs pour mener une délibération morale. Ceux qui suivent en appellent à trois dimensions minimales – le respect de la loi, l'équité et la conscience morale :

> 1. [*L'action envisagée*] *est-elle légale ?* Violerai-je la loi ou la politique de l'entreprise ?
> 2. *Est-elle équilibrée ?* Est-elle équitable vis-à-vis de tous ceux qui sont concernés à court terme aussi bien qu'à long terme ? Favorise-t-elle des relations « gagnant-gagnant » ?
> 3. *Que penserai-je de moi-même si je l'accomplis ?* Me rendra-t-elle fier ? Serais-je satisfait si ma décision était

---

1. R.T. De George, « The relevance of philosophy to business ethics : A response to Rorty's "Is philosophy relevant to applied ethics?" », *Business Ethics Quarterly*, 16(3), 2006, p. 381-389.

publiée dans la presse? Serais-je satisfait si ma famille en avait connaissance?[1].

Le second niveau est celui de l'organisation, de l'entreprise considérée en tant que collectif. Pour beaucoup d'auteurs, il s'agit du niveau d'analyse essentiel. Il y a à cela des raisons qui dérivent directement des principes de libre entreprise et de concurrence qui prévalent dans une économie de marché. D'autres raisons sont aussi invoquées pour justifier l'importance d'une « éthique organisationnelle » : le pouvoir dont disposent les entreprises, par exemple en matière de gestion des ressources ou, plus largement, d'influence sur d'autres acteurs de la société, leur internationalisation croissante ou encore l'élargissement de leur champ d'action à des secteurs qui se trouvaient auparavant dans le domaine de la puissance publique, comme celui de la santé. Les questions qui se situent à ce niveau portent aussi bien sur des outils et des modes de fonctionnement – par exemple la gouvernance de l'entreprise et les dispositifs éthiques, comme les chartes et les codes de conduite, dont elles se sont dotées –, que sur des problématiques entrant spécifiquement dans le champ de la réflexion morale – comme celle relative à la possibilité que l'entreprise puisse être considérée comme un sujet moralement responsable au même titre qu'une personne individuelle.

Le troisième niveau, macro, comprend les questions relatives aux obligations de l'entreprise envers la société. L'ensemble de ces obligations tombe souvent sous la notion de *responsabilité sociale de l'entreprise*, dont la portée va au-delà

1. K. Blanchard et N.V. Peale, *The power of ethical management*, New York, Fawcett Crest, 1988. Cités par A.B. Carroll, dans R.E. Frederick (ed.), *A Companion to Business Ethics*, Oxford UK, Blackwell Publishing, 2002, p. 141-152, p. 150.

des seules responsabilités économiques et légales. La Commission Européenne, par exemple, la définit comme « l'intégration volontaire par les entreprises de préoccupations sociales et environnementales à leurs activités commerciales et leurs relations avec leurs parties prenantes »[1].

Les relations entre l'entreprise et la société ont été notamment étudiées par le courant de la *Business and Society*, qui s'est structuré plus tôt que l'éthique des affaires. Il examine en particulier les termes du contrat qui lie l'entreprise à la société et la nature des rapports qu'elle entretient avec son environnement.

Ces niveaux d'analyse offrent des points de vue à partir desquels il est possible de construire une théorie morale de la vie des affaires. Robert Solomon, par exemple, qui défend une approche fondée sur une éthique de la vertu d'inspiration aristotélicienne, plaide pour une « micro-éthique des affaires » par opposition à un point de vue reposant sur des perspectives théoriques générales, par exemple d'ordre politique. La micro-éthique des affaires s'intéresse à l'individu non pas considéré isolément mais en tant que membre d'une organisation. Ainsi sa responsabilité individuelle dépend du rôle qu'il remplit au sein de son entreprise, de même que la responsabilité de l'entreprise doit être comprise en fonction du rôle qu'elle assume dans la société[2].

---

1. Commission des Communautés Européennes, *Communication concernant la responsabilité sociale des entreprises : une contribution des entreprises au développement durable*, 2002. *Cf.* également le Livre vert, *Promouvoir un cadre européen pour la responsabilité sociale des entreprises*, 2001.

2. R.C. Solomon, « Corporate roles, personal virtues : An Aristotelean approach to business ethics », *Business Ethics Quarterly*, 2(3), 1992, p. 317-339.

Il existe une forte perméabilité entre les trois niveaux. Beaucoup des questions qui se posent en éthique des affaires peuvent en effet recevoir une description à chacun d'eux. Ainsi l'alerte éthique ou professionnelle (*whistleblowing*), qui recouvre la révélation par les salariés de la violation de règles de conduite figurant dans les codes éthiques de leur organisation, soulève-t-elle des questions au niveau de l'entreprise (car la finalité des dispositifs d'alerte est de protéger ses intérêts), de l'individu qui se trouve en situation de révéler un fait dont il a connaissance, et de la société qui la légitime et la contrôle.

La recherche par Donald Robin et Eric Reidenbach d'une « philosophie éthique pour le marketing » fait également appel à une distinction entre niveaux d'analyse, en l'occurrence les niveaux micro et macro. Selon ces auteurs, les questions éthiques qui se posent à propos du marketing se divisent en deux groupes : celles qui, relevant du niveau macro, portent sur les « fonctions fondamentales du marketing », et les questions « micro-éthiques » qui concernent les actions spécifiques des individus qui définissent et mettent en œuvre les politiques du marketing. Mais les réponses à ces deux questions sont liées. Par exemple, c'est au niveau macro que se situe le débat sur le caractère éthique de la publicité commerciale en général. Si une théorie éthique du marketing ignorait ce niveau, alors n'importe quelle campagne publicitaire particulière pourrait être l'objet de critiques au nom d'arguments supérieurs – ce qui ne signifie pas que les questions qui se posent au niveau micro ne puissent être traitées qu'en faisant appel à des justifications du niveau macro [1].

1. D.P. Robin et R.E. Reidenbach, « Searching for a place to stand : Toward a workable ethical philosophy for marketing », *Journal of Public Policy and Marketing*, 12(1), 1993, p. 97-105.

Les niveaux identifiés sont susceptibles de communiquer à travers ce que Goodpaster appelle des « modèles normatifs intermédiaires » ou « idéologies »[1]. Ces cadres normatifs auraient une influence pratique sur les comportements des acteurs de la vie des affaires. Le modèle individualiste, qui met au premier plan le respect des droits de propriété, la concurrence ou l'intervention limitée de l'État, constitue l'une de ces idéologies.

Ces remarques introductives permettent de préciser les deux orientations qui ont été retenues pour répondre à la question « Qu'est-ce que l'éthique des affaires ? ». La première est épistémologique : elle vise à faire ressortir les éléments qui, à l'instar des idéologies mentionnées précédemment, structurent la réflexion philosophique. La seconde concerne la pertinence d'un *changement de perspective* sur le rôle de l'entreprise dans la société, dont rend compte l'expression « *Business* in *Society* »[2].

L'étude a été divisée en trois parties. La première concerne les règles de la vie des affaires. La discussion relative à l'analogie qui a été proposée entre ces règles et celles d'un jeu

1. K.E. Goodpaster, « Business ethics, ideology, and the naturalistic fallacy », *Journal of Business Ethics*, 4(4), 1985, p. 227-232.

2. Voir par exemple R.A. Buchholz et S.B. Rosenthal, « Stakeholder theory and public policy : How governments matter », *Journal of Business Ethics*, 51(2), 2004, p. 143-153. L'éthique des affaires s'adresse en particulier aux grandes entreprises, mais les questions et les arguments débattus peuvent s'appliquer à toute entreprise. Dans les développements qui suivent, j'emploierai l'expression « éthique des affaires », de préférence à « éthique de l'entreprise », pour rendre compte à la fois de la *Business Ethics*, de la *Business and Society* et de leur réunification sous la forme *Business, Ethics, and Society*. Les sources des arguments et des débats exposés se trouvent pour l'essentiel dans la littérature anglo-américaine.

a conduit à soulever des questions sur la nature de ce supposé système de règles, le but poursuivi par l'entreprise et son statut au sein de la société.

La thèse relative à la séparation entre le domaine des affaires et le domaine moral prolonge cette analogie. Elle se révèlerait dans les croyances ordinaires sur la vie des affaires et déterminerait la façon dont est pensée la relation entre l'entreprise et son environnement.

Le débat sur la nature des obligations des dirigeants des entreprises est lié à cette séparation. Il apparaît notamment dans une discussion relative à ce que Goodpaster a nommé le « paradoxe des parties prenantes ». Selon lui, les dirigeants d'une entreprise ont pour obligation de servir les intérêts de leurs actionnaires, mais il est dans le même temps essentiel, pour des raisons morales, qu'ils n'ignorent pas les intérêts des autres parties prenantes. L'économiste Milton Friedman, dans un article publié en 1970, qui est reproduit partiellement et commenté dans la deuxième partie de l'ouvrage (texte 1), défend la position contenue dans le premier terme : la seule obligation d'un dirigeant d'entreprise est de maximiser la richesse de ses actionnaires.

La seconde partie traite des conséquences de la dépendance contextuelle sur les travaux en éthique des affaires et les pratiques des entreprises. La présence, dans la littérature, de recherches empiriques relatives aux modèles de la décision éthique peut être interprétée comme une réponse à un problème de dépendance forte par rapport au contexte. C'est également le cas de développements relatifs à la rationalité morale fortement limitée des décideurs, au rôle que devrait jouer leur imagination morale et aux vertus qu'ils devraient développer.

La troisième partie est consacrée aux tentatives théoriques d'échapper aux deux forces structurantes que constituent les règles et le contexte de la vie des affaires. Certains concepts, présents à la fois dans les pratiques et dans les travaux académiques, peuvent être interprétés comme le signe de ces tentatives. Ceux de *minimum moral* et d'*engagement* sont à cet égard particulièrement significatifs.

Mais beaucoup de constructions théoriques vont aussi dans ce sens, tout en s'efforçant de rester dans un cadre économique d'inspiration libérale. C'est le cas de la théorie des parties prenantes, qui constitue le paradigme dominant de l'éthique des affaires. Certains de ses promoteurs, dont les auteurs du texte 2, considèrent qu'elle change la manière de concevoir les rapports de l'entreprise et de la société et qu'elle peut contribuer à fonder un nouveau capitalisme.

LES RÈGLES DE LA VIE DES AFFAIRES

L'analogie avec un jeu de stratégie

Dans un article publié en 1968, Albert Carr comparait la vie des affaires au jeu de poker[1]. Qu'elle soit pratiquée par des individus ou des entreprises, disait-il, «elle a le caractère impersonnel d'un jeu» qui est «joué à tous les niveaux de la vie de l'entreprise, du plus élevé au plus bas». Cela ne signifie pas qu'il soit dénué de toute référence éthique, car il obéit à une éthique spéciale. Simplement ses règles ne sont pas celles qui régissent les comportements dans la sphère privée. Certaines pratiques – des formes de dissimulations, d'exagérations ou de bluff, courantes dans la publicité ou les négociations commer-

---

1. A.Z. Carr, «Is bluffing ethical?», *Harvard Business Review*, 46(1), 1968, p. 143-153.

ciales – sont de fait acceptées par la société, bien qu'elles dérogent à la morale ordinaire. D'ailleurs un responsable d'entreprise n'a pas intérêt à s'y conformer. S'il le fait, il risque d'« ignorer des opportunités qui sont permises par les règles » et de se trouver « désavantagé dans la conduite de ses opérations ».

Mais s'il accepte les règles du jeu de la vie des affaires, comment peut-il échapper à la culpabilité morale et préserver son intégrité personnelle ? Certainement pas en se raccrochant à des formules telles que « l'éthique paie » : elles ne sont souvent que des masques derrière lesquels se cachent des motivations égoïstes et ne font que nourrir l'illusion que la vie des affaires peut être soumise aux règles de la morale ordinaire. Ce qui lui apporte une justification, c'est la croyance selon laquelle la vie des affaires est gouvernée par des règles dont certaines ont certes des conséquences blâmables du point de vue de la morale ordinaire, mais qui sont néanmoins permises par l'éthique du jeu des affaires et plus largement par la société, puisque la loi ne les interdit pas.

Carr n'essaie pas de dresser une typologie des règles du jeu des affaires, encore moins d'en donner une liste, mais il suggère trois catégories de règles : les « règles fondamentales », contenues dans la loi ; une méta-règle qui demande d'abandonner certains des critères éthiques de la morale privée – comme la règle d'or, car « la plupart du temps l'homme d'affaires essaie de faire aux autres ce qu'il espère que les autres *ne* lui feront *pas* » ; et certaines règles de décision qui réglementent ce que Carr appelle le domaine de la « zone grise », qui est justement celui auquel s'intéresse l'éthique des affaires – en particulier : « Si je ne le fais pas, d'autres le feront », « Je peux le faire puisque tout le monde le fait », « Si la loi ne l'interdit pas, c'est permis ».

Bien sûr, certaines règles du jeu des affaires appartenant à la « zone grise » pourraient dans certaines limites recevoir une justification morale. Une telle démarche a été proposée par Ronald Green à propos de la formule « Tout le monde le fait ». Il établit quatre conditions qui justifient moralement de « faire ce que font les autres » alors que l'action en question serait jugée immorale en dehors du contexte de la vie des affaires, et une cinquième condition qui conduit même à prescrire cette action. Sa stratégie de justification repose sur une approche conséquentialiste relative aux torts qui seraient causés à l'entreprise et à ses concurrents si l'action en question était réalisée[1].

Ce genre d'analyse ne concerne qu'une partie des questions soulevées par Carr. Mais elle montre que sa thèse *n'est pas* que la vie des affaires est amorale, contrairement à ce qu'Archie Carroll, par exemple, a pu affirmer. Car selon ce dernier, Carr soutiendrait que les règles du jeu des affaires et les modèles de décision qui en résulteraient seraient la résultante d'une « amoralité intentionnelle » : ils proviendraient d'un choix fait par ceux qui y participent de conformer leurs actions à un ensemble normatif ne comprenant aucune règle morale. « Les responsables amoraux de ce type », écrit Carroll, « n'incluent aucune considération éthique dans leurs processus de décision et leurs actions, parce qu'ils croient que l'activité de l'entreprise réside *en dehors* de la sphère au sein de laquelle s'appliquent les jugements moraux »[2].

1. R.M. Green, « When is "everyone's doing it" a moral justification ? », *Business Ethics Quarterly*, 1(1), 1991, p. 75-93.
2. A.B. Carroll, « Models of management morality for the new millennium », *Business Ethics Quarterly*, 11(2), 2001, p. 365-371.

Critiques de l'analogie

La thèse de Carr eut un grand retentissement[1]. Elle fut d'autant plus discutée qu'un article reprit peu de temps après l'analogie du jeu au sein d'un argument défendant la thèse selon laquelle une entreprise n'est pas un agent moral[2].

La première critique s'intéresse au sens que Carr donne au mot « règle ». Il n'en propose aucune définition, aucune analyse conceptuelle. Aussi l'usage qu'il en fait pourrait-il n'être que métaphorique, c'est-à-dire conçu pour décrire des conduites qui ne seraient en fait pas gouvernées par des règles spécifiques au jeu des affaires, mais par les multiples raisons d'agir des individus qui y participent. D'un point de vue extérieur, leurs actions donneraient à penser qu'ils agissent *comme s'ils* suivaient des règles, ce qui en en réalité ne serait pas le cas.

Toutefois le propos de Carr est effectivement d'affirmer que la vie des affaires est régie par un système de règles. Il souligne ainsi que, comme au poker, la victoire suppose « une intime connaissance des règles » et que les joueurs « savent qu'ils ne font que jouer le jeu des affaires ». Une telle conception suppose que, pour reprendre les termes de John Rawls, les règles sont antérieures aux décisions particulières, qu'elles « sont connues publiquement » et qu'elles ont pour fonction de « définir une pratique »[3]. Mais Carr ne fait pas référence à Rawls, pas plus qu'à la distinction de John Searle entre règles

---

1. *Cf.* T.B. Blodgett, « Showdown on "business bluffing" », *Harvard Business Review*, 46(3), 1968, p. 162-170.

2. J. Ladd, « Morality and the ideal of rationality in formal organizations », *The Monist*, 54, 1970, p. 488-516.

3. J. Rawls, « Two concepts of rules », *The Philosophical Review*, 64(1), 1955, p. 3-32.

régulatives et règles constitutives[1]. Les premières gouvernent une activité humaine qui existe antérieurement et indépendamment d'elles, alors que les secondes fondent et régulent l'activité humaine en question. Or, selon l'analogie de Carr, les règles de la vie des affaires sont de même nature que les règles du jeu de poker : ce sont des règles constitutives et non des règles régulatives.

Daryl Koehn a critiqué cette hypothèse fondamentale[2]. Selon elle, les règles constitutives sont rarement explicitées dans la vie des affaires, et celles qui le sont souffrent d'exceptions. Il en résulte que « la pratique des affaires [...] est loin d'être constituée par un ensemble de règles ». Peter Heckman ajoute qu'il n'est pas possible à ceux qui y participent d'en connaître toutes les règles, d'autant qu'à l'inverse de celles d'un jeu, ces règles ne sont ni fixées, ni déterminées, ni même dénombrables[3].

Cette objection suffirait sans doute à saper l'argument de Carr, mais Heckman et Koehn critiquent d'autres aspects de son analogie en l'explorant plus en détail. Par exemple, le premier soutient qu'à l'inverse de la vie des affaires, un jeu se déroule dans un contexte bien déterminé, avec un début et une fin ; que la dimension compétitive, qui est à première vue commune aux jeux et à la vie des affaires, est dans ce dernier cas beaucoup plus complexe, comme en témoignent les fréquentes coopérations entre firmes ; que la régulation de la

1. J.R. Searle, « How to derive "Ought" from "Is" », *The Philosophical Review*, 73(1), 1964, p. 43-58.

2. D. Koehn, « Business and game-playing : The false analogy », *Journal of Business Ethics*, 16, 1997, p. 1447-1452.

3. P. Heckman, « Business and games », *Journal of Business Ethics*, 11, 1992, p. 933-938.

vie économique diffère de celle d'un jeu, où il existe un arbitre qui est susceptible de reconnaître aisément les infractions aux règles et de les sanctionner – dans le cas des affaires, la régulation est à la fois confiée « à la main invisible du marché » et aux pouvoirs publics ; que les gagnants et les perdants d'un jeu sont bien identifiés (comme les gains et les pertes), ce qui n'est pas toujours le cas pour la vie des affaires.

La troisième critique concerne le statut des personnes qui « ne jouent pas » mais sont néanmoins affectées par le jeu des affaires. Koehn souligne que ceux qui y prennent part, à l'inverse des joueurs de poker, ne sont pas en mesure de donner leur accord à des pratiques qui impliquent par exemple le bluff ou des stratégies de persuasion. En définitive, le pré-tendu jeu des affaires ne concerne pas seulement les compé-titeurs, c'est-à-dire les entreprises, mais chaque membre de la société. Heckman précise que si, pour préserver l'analogie, on défendait l'idée que la vie des affaires est un jeu hautement complexe, aux règles et aux limites non définies, cela revien-drait à considérer que tout membre de la société deviendrait « automatiquement un participant ». Mais ceci enlèverait tout son intérêt à la thèse de Carr.

La thèse de la séparation

L'analogie de Carr conduit à nourrir la croyance que le domaine moral et le domaine de la vie des affaires sont gou-vernés par deux ordres normatifs séparés. Elle est sous-jacente à beaucoup de développements de l'éthique des affaires. En 2000, deux articles de la revue *Business Ethics Quaterly* faisaient une nouvelle mise au point sur la question de savoir si l'expression « éthique des affaires » est ou non un oxymore. Celui-ci reposerait sur l'argument selon lequel les entreprises ne peuvent prospérer que si elles cherchent à maximiser leur intérêt personnel ; or, ceci est contraire à l'objet de l'éthique, qui est de formuler des règles de justice afin de décourager les conduites égoïstes. Mais cet argument n'est robuste qu'en apparence. Un argument tout aussi robuste semble pouvoir lui être opposé : « éthique » et « vie des affaires » ne sont pas incompatibles parce que la société n'autorise pas que se développent des pratiques « manifestement nuisibles et injustes »[1].

Edward Freeman a proposé deux thèses qui constituent selon lui des « outils de diagnostic » de l'état des relations entre « l'entreprise, l'éthique et la société »[2]. La première, dite « thèse de la séparation », formalise l'argument de Carr :

> Le discours sur l'entreprise et le discours sur l'éthique peuvent être séparés de telle sorte que des phrases telles que « x est une décision économique » n'a pas de contenu moral, et « x est une décision morale » n'a pas de contenu économique[3].

La seconde thèse, appelée « thèse de la responsabilité », énonce que

> le fondement de l'éthique ou le point de vue moral est que, la plupart du temps, la majorité des gens assument, ou veulent

---

1. R. Duska, « Business ethics : Oxymoron or good business ? », *Business Ethics Quarterly*, 10(1), 2000, p. 111-129. Ronald Duska évoque le fait que les dirigeants des entreprises « sont de simples pions d'un jeu auquel on ne peut échapper : faire du profit ».

2. R.E. Freeman, « Business ethics at the millennium », *Business Ethics Quarterly*, 10(1), 2000, p. 169-180.

3. Freeman emploie le terme « business ». Je le traduis par « économique » pour éviter d'alourdir le propos par une paraphrase telle que « relatif à la vie des affaires ». Freeman avait pour la première fois exposé la thèse de la séparation dans « The politics of stakeholder theory : Some future directions », *Business Ethics Quarterly*, 4(4), 1994, p. 409-421.

assumer, la responsabilité relative aux effets de leurs actions sur autrui. Et si ce n'était pas le cas, ce que nous appelons « éthique » et « moralité » n'aurait pas de sens.

Selon Freeman, le problème est que ces deux thèses ne peuvent pas être soutenues simultanément dans les discours qui s'intéressent aux rapports entre l'entreprise, l'éthique et la société. L'idée de responsabilité n'a pas de place si, au moins dans les discours, la vie des affaires et la moralité sont conçues ou présentées comme incompatibles.

Kenneth Goodpaster a proposé une aporie, qu'il a qualifiée de « paradoxe des parties prenantes », qui constitue l'une des manifestations d'un débat sur la nature des devoirs d'un dirigeant d'entreprise[1]. Schématiquement, ce débat oppose deux thèses. La première affirme que le rôle du dirigeant est de servir les intérêts des actionnaires. La seconde soutient qu'un dirigeant doit servir un ensemble d'intérêts qui sont portés par des entités différentes (actionnaires, banques, employés,

---

1. K.E. Goodpaster, « Business ethics and stakeholder analysis », *Business Ethics Quarterly*, 1(1), 1991, p. 53-73. Freeman définit une partie prenante comme « tout groupe de personne ou tout individu qui peut affecter ou être affecté par la réalisation des objectifs de l'organisation » (*Strategic management : A stakeholder approach*, Marshfield (Mass.), Pitman Publishing, 1984, p. 46, p. 31). Le terme « *stakeholder* », traduit par « partie prenante », désigne celui qui a engagé de l'argent dans un jeu ; dans le contexte de l'éthique des affaires, il désigne un détenteur de droits, d'intérêts ou de revendications. Actionnaires, établissements financiers, salariés, clients, fournisseurs, concurrents, institutions publiques, médias, organisations non gouvernementales, communautés locales, la société dans son ensemble, mais aussi des groupes terroristes, des êtres vivants non humains, des éléments naturels inanimés et Dieu ont pu être inclus dans la classe des parties prenantes. Le mot « *constituency* » est parfois utilisé comme synonyme de « *stakeholder* ». Il renvoie à ceux qui sont en relation avec l'entreprise en raison d'un intérêt commun.

clients…), ce qui implique qu'il a pour mission de peser et d'équilibrer les intérêts en question. L'opposition entre ces deux thèses pourrait être schématisée ainsi : « les affaires sans l'éthique » *versus* « l'éthique sans les affaires ».

Goodpaster propose une troisième voie en spécifiant la nature des obligations du dirigeant d'entreprise. Son argument repose sur trois étapes :

a) L'*attention portée aux parties prenantes* de l'entreprise est un point d'entrée des valeurs éthiques dans les processus de décision des entreprises. La firme fait l'effort d'identifier ses parties prenantes et de mesurer à quel degré elles peuvent être affectées par ses décisions.

b) Le constat qu'il existe deux manières fondamentales de prendre en compte *effectivement* les intérêts des parties prenantes. La première repose sur une approche « stratégique », instrumentale. La prise en considération de leurs intérêts est un moyen de réaliser l'objectif de l'entreprise de maximiser ses profits. Les dirigeants ont alors une responsabilité *fiduciaire* envers les actionnaires – ils en sont les mandataires. La deuxième approche, que Goodpaster qualifie de « multi-fiduciaire », est basée sur l'hypothèse que les dirigeants des entreprises sont les mandataires de toutes les parties prenantes, pas seulement des actionnaires.

c) *Le paradoxe*. Si un dirigeant d'entreprise juge qu'il est *essentiel* de considérer les intérêts de toutes les parties prenantes concernées, non pas pour des raisons instrumentales, mais pour des raisons éthiques (l'approche multi-fiduciaire), il peut être amené en même temps à estimer qu'un tel jugement est *illégitime*. Car il reviendrait à réfuter l'importance des droits de propriété possédés par les actionnaires et la promesse qu'il leur a faite de servir leurs intérêts (l'approche straté-gique). *In fine*, l'approche multi-fiduciaire remettrait en cause le statut de l'entreprise comme entité privée.

La solution de Goodpaster est de distinguer entre deux types d'obligations auxquelles un dirigeant doit se soumettre : celle, *fiduciaire*, envers les actionnaires, qui comprend d'ailleurs des obligations morales « partiales » de loyauté et de prudence ; et celles, *morales* et *non fiduciaires*, envers les autres parties prenantes. Non seulement ces obligations morales (ne pas faire de tort, ne pas contraindre, ne pas mentir, etc.) sont catégoriques et non hypothétiques, mais elles sont celles que la société voudrait voir honorer par les actionnaires eux-mêmes. C'est pourquoi ces deux types d'obligations ne peuvent être dissociés : tout en autorisant une relation de *mandant* à *mandataire* entre actionnaires et dirigeants, la société, par le truchement de la loi, exige en même temps des dirigeants qu'ils respectent des obligations morales envers les autres parties prenantes.

Boatright a critiqué l'existence même d'un paradoxe[1]. Si la société autorise les dirigeants d'une entreprise à agir en tant que mandataires des actionnaires pour maximiser leur richesse, c'est parce que cela conduit indirectement à améliorer la situation des autres parties prenantes. En aucun cas ce devoir fiduciaire n'est justifié, comme le soutient Goodpaster, par un contrat implicite entre actionnaires et dirigeants ou par une relation d'agence – les dirigeants sont effectivement des agents, mais de l'entreprise en tant que collectif, non de ses actionnaires[2]. Goodpaster affirmait que les relations des

1. J.R. Boatright, « Fiduciary duties and the shareholder-management relation : Or, what's so special about shareholders ? », *Business Ethics Quarterly*, 4(4), 1994, p. 393-407.

2. Selon la définition de Michael Jensen et William Meckling, une relation d'agence est « un contrat dans lequel une (ou plusieurs personnes) a recours aux services d'une autre personne pour accomplir en son nom une tâche quel-

dirigeants avec les actionnaires et les autres parties prenantes étaient « différentes sur le plan éthique ». Pour Boatright, une telle distinction est infondée car les deux types de relations dépendent des politiques publiques relatives aux entreprises. Il est certes légitime de distinguer entre les décisions qui relèvent des devoirs fiduciaires des dirigeants à l'égard des actionnaires (par exemple celles par lesquelles les mandataires sociaux leur rendent compte de leur gestion) et celles, relatives aux activités courantes de l'entreprise, qui concernent les autres parties prenantes. Mais ces deux catégories de décisions ont en commun d'être régies par ces politiques publiques, c'est-à-dire par la société.

Freeman affirme comme Boatright que le soi-disant paradoxe n'existe pas, mais il considère surtout que l'échange d'arguments entre Goodpaster et Boatright est entièrement influencé, et même faussé, par la thèse de la séparation. Chacun de ces auteurs cherche implicitement à réfuter l'idée d'une scission entre deux ordres de discours, celui de la vie des affaires et celui de l'éthique, mais le résultat auquel ils parviennent n'en est finalement qu'une manifestation.

Plus généralement, soutient Freeman, la thèse de la séparation conduirait les théoriciens de la *Business Ethics* à suivre une sorte de principe de compensation. Ce principe les inciterait à placer la vie des affaires « sous les lumières de la raison » dans le seul but de compenser la disjonction entre vie

conque, ce qui implique une délégation de nature décisionnelle à l'agent ». M.C. Jensen et W.H. Meckling, « Theory of the firm, managerial behaviour, agency costs and ownership structure », *Journal of Financial Economics*, 3(4), 1976, p. 305-360. La citation provient de G. Charreaux, dans G. Koenig (éd.), *De nouvelles théories pour gérer l'entreprise du XXIe siècle*, Paris, Economica, 1999, p. 75.

des affaires et moralité qui s'opère dans le langage, les pratiques et les théories.

Pour le comprendre, il est utile de reconsidérer la solution proposée par Goodpaster au paradoxe qu'il a lui-même construit. Elle consiste à distinguer entre une obligation fiduciaire envers les actionnaires et des obligations morales non fiduciaires envers les autres parties prenantes. Selon Freeman, la première obligation entérine la thèse de la séparation (car elle reconnaît une responsabilité *spéciale* envers les actionnaires), et les secondes sont l'application d'un principe de compensation (elles *compensent*, par leur caractère moral, l'obligation fiduciaire due aux seuls actionnaires). Dans le même temps, la thèse de la séparation laisserait aux théoriciens des sciences de la gestion la latitude de façonner des théories « supposées moralement neutres », telles que la théorie de l'agence[1]. Pour Freeman, tout l'intérêt de l'approche des parties prenantes qu'il défend est précisément qu'elle rejette la thèse de la séparation et, par conséquent, tout recours à un principe de compensation[2].

Andrew Wicks interprète la thèse de la séparation comme un élément d'arrière-fond qui intervient dans la manière dont sont habituellement compris le fonctionnement de la vie des affaires et la place qu'y tient la moralité. « Dans notre société », dit-il en se référant à Freeman, « les gens adoptent un

---

1. Freeman, 1994, *op. cit.*

2. Freeman insiste sur l'importance des schémas mentaux qui sont véhiculés par le langage, en l'occurrence par les discours sur la vie des affaires, mais il ne propose ni analyse logique, ni éléments empiriques à l'appui de son argument. Joakim Sandberg a pu par exemple formuler neuf versions différentes de sa thèse de la séparation. *Cf.* « Understanding the separation thesis », *Business Ethics Quarterly*, 18(2), 2008, p. 213-232.

cadre conceptuel dans lequel l'éthique et la vie des affaires sont vues comme des catégories distinctes et des domaines indépendants. Chacun a ses propres concepts particuliers, son langage et sa logique »[1]. Il affirme comme Freeman que la thèse de la séparation s'étend également aux travaux des chercheurs en éthique des affaires car ceux-ci ne parviennent pas à mesurer l'importance de la «division conceptuelle» entre la morale et la vie des affaires. Cette ignorance les amène à construire des arguments qui ne font que la perpétuer.

Pour Wicks, la thèse de la séparation serait le résumé de trois dichotomies de valeurs : économiques *versus* sociales, relatives au groupe *versus* relatives à l'individu, profession-nelles *versus* domestiques. La première de ces dichotomies oppose les objectifs économiques et sociaux de l'entreprise. Non seulement la manière habituelle de parler de ces objectifs – et l'usage même de l'expression «responsabilité sociale de l'entreprise» – véhicule l'idée qu'ils sont séparés, mais les efforts de chercheurs pour intégrer les responsabilités écono-miques et sociales n'ont pas atteint leur but parce qu'ils présup-posent toujours, à un moment ou à un autre, que les dimensions économiques et sociales restent dissociées. Ainsi, quand des auteurs insistent sur les bénéfices que l'entreprise peut espérer de la recherche d'une performance sociale en se référant à son intérêt éclairé, ils ne font que reformuler la thèse de Friedman selon laquelle le premier objectif de l'entreprise est de faire du profit. Et les approches plus philosophiques partent en général d'un «point de vue moral externe» qui présuppose la sépara-tion entre domaine des affaires et domaine moral. Elles tendent

---

1. A.C. Wicks, «Overcoming the separation thesis : The need for a reconsideration of business and society research», *Business and Society*, 35(1), 1996, p. 89-118.

à considérer la moralité comme une contrainte et les responsabilités sociales que devraient assumer les entreprises comme des responsabilités *additionnelles*.

Les deux autres dichotomies proposées par Wicks recouvrent le fait que les valeurs de l'individu tendent à être évacuées des discussions des praticiens et du monde académique sur le rôle ou la responsabilité de l'entreprise. Dans ces débats, et au-delà des thèses qui y sont défendues, les considérations morales sont associées à des groupes humains (l'entreprise, des parties prenantes, la société) et non aux individus qui en font partie. Ceux-ci sont implicitement considérés comme des *agents* qui doivent « mettre à distance leurs propres valeurs et leurs propres sensibilités » par rapport aux valeurs du groupe auquel ils appartiennent. Et les responsabilités non professionnelles, en particulier domestiques, assumées par ces agents n'ont aucune pertinence.

Les travaux de Frederick Bird et James Waters, cités par Wicks, illustrent ces dichotomies. Sur la base d'une étude empirique, ils ont identifié trois causes au « mutisme moral des dirigeants », c'est-à-dire à leur réticence à décrire leurs actions en termes moraux, même lorsque ces actions sont au moins partiellement justifiées par des raisons morales[1]. En réalité ces « causes » fournissent un contenu à des croyances qui confortent la thèse de la séparation. La première de ces croyances a pour contenu le fait que, lorsque des décisions ayant une dimension éthique doivent être prises au sein d'une entreprise, le recours au langage moral est une source potentielle de confrontation. Les désaccords qui pourraient en résulter menaceraient « l'harmonie » des rapports au sein de l'entreprise.

1. F.B. Bird et J.A. Waters, « The moral muteness of managers », *California Management Review*, 32(1), 1989, p. 73-88.

L'idée que le débat moral induit une perte d'efficacité dans le fonctionnement de l'organisation est également une cause de mutisme moral. Elle peut conduire à la croyance que les règles éthiques ont un caractère rigide et perturbateur. Il en est de même de la croyance selon laquelle employer des arguments moraux dans le cadre de l'entreprise renvoie à des idéaux ou à des utopies, ou encore que de tels arguments sont simplement difficiles à exposer publiquement. L'ensemble de ces croyances contribuerait à ancrer chez les décideurs la conviction qu'il est préférable de ne pas évoquer les questions morales dans un contexte organisationnel.

LA DÉPENDANCE CONTEXTUELLE

Les débats qu'ont suscité l'analogie de Carr et la thèse de la séparation de Freeman suggèrent que les pratiques des entreprises sont soumises à une dépendance contextuelle forte. Sa «force» constitue peut-être l'une des spécificités de l'éthique des affaires par comparaison avec d'autres branches de l'éthique appliquée comme la bioéthique ou l'éthique de l'environnement.

Les développements qui précèdent se situaient plutôt sur le terrain épistémologique et ne faisaient pas une distinction claire entre les niveaux d'analyse. Par contraste, cette partie privilégie le niveau micro puisqu'elle porte sur la manière dont la dépendance contextuelle forte se traduit du point de vue de l'individu qui, au sein de son entreprise, est amené à prendre une décision ayant une dimension éthique[1].

1. Sur le contexte, voir D. Andler, «The normativity of context», *Philosophical Studies*, 100, 2000, p. 273-303, et «Context: the case for a

Modèles de la décision éthique

Une grande partie des travaux empiriques en éthique des affaires portent sur la décision. Ils comprennent des propositions de modèles visant à expliquer, prédire ou prescrire ce qui constitue la conduite morale appropriée dans le contexte de l'entreprise. Ils reposent sur un supposé processus mental préalable à l'action, dont la trame standard a la forme « perception de la situation – jugement moral – intention – action ».

Le modèle de Thomas Jones introduit un concept qui n'était pas distingué dans les modèles antérieurs: celui d'« intensité morale »[1]. Il prétend rendre compte des caractéristiques de la question morale à laquelle est confrontée un décideur. Il ne se réfère ni à des caractéristiques personnelles, ni à des facteurs organisationnels, seulement à l'*importance* des exigences morales qui sont strictement liées à la question en jeu.

Jones a élaboré le concept d'intensité morale avec le souci d'identifier des variables qui expliquent pourquoi nous considérons habituellement qu'un problème moral est plus important qu'un autre. Ce qui, selon lui, manquait aux modèles précédents, c'était un concept permettant par exemple de rendre compte du fait que l'employé d'une entreprise pharmaceutique jugera généralement la question morale soulevée par la prochaine mise sur le marché d'un médicament dangereux *plus importante* que celle induite par le vol d'un lot de fournitures informatiques.

principled epistemic particularism», *Journal of Pragmatics*, 35, 2003, p. 349-371.

1. T. M. Jones, «Ethical decision making by individuals in organizations: An issue-contingent model», *Academy of Management Review*, 16(2), 1991, p. 366-395.

L'idée de proportionnalité est sous-jacente au modèle. Ainsi, l'importance d'une question morale sera jugée à proportion de l'amplitude des torts ou des bénéfices causés par l'acte envisagé, de l'horizon temporel où se produiront ses conséquences ou du degré de proximité des personnes concernées par rapport au décideur. L'approche de Jones est essentiellement conséquentialiste (il définit une « question morale » en fonction des torts ou des bénéfices produits) et conventionnaliste (il se réfère aux normes qui sont habituellement à la base des jugements moraux). La pluralité des facteurs qui sont susceptibles de déterminer l'importance d'une question le conduit à définir l'intensité morale en fonction de l'importance des conséquences, du degré du consensus social relatif à l'acte en question, de la probabilité que l'acte ait lieu et qu'il produise les conséquences prévues, de l'horizon temporel où celles-ci devraient survenir (un horizon éloigné tend à dévaluer leur importance morale aux yeux de l'agent), de la proximité du décideur par rapport aux personnes affectées et du degré de concentration des torts (pour une quantité donnée de torts, l'intensité de la question morale sera d'autant plus grande que moins de personnes seront affectées).

Jones affirme que « l'intensité morale est censée jouer un rôle majeur dans la reconnaissance des questions morales et par conséquent dans le déclenchement effectif des processus de décision *morale* qui remplaceront ou s'ajouteront à d'autres schémas de décision ». Cela signifie que l'idée d'intensité morale permet de comprendre pourquoi, dans certains cas, l'agent ne mène aucune délibération morale. Le modèle répond que plus l'intensité d'une question morale est forte, plus la personne aura de chances de reconnaître la question posée comme étant de nature morale. Il en est de même pour les étapes relatives à la formation du jugement (une forte intensité morale conduira à un raisonnement moral plus élaboré), de l'intention et de l'action (une forte intensité morale rendra plus probable un comportement éthique).

À première vue, le modèle de Jones apporte à ceux qui s'interrogent sur la pertinence de l'analogie de Carr et de la thèse de la séparation de Freeman un outil conceptuel pour interpréter les décisions morales individuelles dans le contexte de l'entreprise. Les aspects conventionnalistes de l'intensité morale semblent s'accorder à la fois avec les règles, conventionnelles, d'un jeu, et les attentes sociales quant à la manière de le jouer. L'une des façons de traduire la thèse de la séparation au niveau individuel serait de considérer qu'elle intervient par exemple à la première étape du modèle de Jones, celle de la reconnaissance de l'existence d'une question morale. Car si la croyance que « vie des affaires et vie morale constituent deux mondes séparés » dérive sa légitimité d'une forme de consensus social, alors elle intervient dans au moins une caractéristique de l'intensité morale, celle relative justement au degré de consensus social.

L'hypothèse de rationalité morale fortement limitée

Le volet empirique de l'éthique des affaires a été nettement distingué, notamment au cours des années 1990, de son volet normatif. Le problème était alors décrit sous la forme d'un sophisme naturaliste : il est impossible, pour une théorie normative de l'éthique des affaires, de s'inspirer des résultats de recherches empiriques, qui ne font que *décrire* la réalité, pour *prescrire* des principes de conduite. En introduction de l'article présentant leur « théorie des contrats sociaux intégrés », Thomas Donaldson et Thomas Dunfee affirment que leur théorisation contribue à rapprocher ces deux volets. Elle

permet aussi de se prémunir contre l'accusation de construire
une théorie morale à partir de faits [1].

Leur théorie, contractualiste, repose sur deux types de
contrats et de consentements : des contrats micro-sociaux, qui
existent *réellement* au sein de communautés économiques très
diverses, et auxquels les participants consentent de manière
explicite ou implicite ; et un contrat macro-social, reposant sur
le consentement *hypothétique* de contractants, qui comprend
des principes moraux ou « hypernormes » dont la fonction
est de justifier les normes régissant la multitude des micro-
contrats. C'est l'intégration entre contrats réels et contrats
hypothétiques qui permettrait de réconcilier les volets
empirique et normatif de l'éthique des affaires [2].

Selon ces auteurs, la « théorie des contrats sociaux
intégrés » ne peut être comprise que si l'on prend en compte la
« rationalité morale fortement limitée » des participants à la
vie des affaires lorsqu'ils font face à des situations de choix
éthique. C'est au niveau des micro-contrats, c'est-à-dire des
contextes multiples où se joue la vie économique réelle, que
cette rationalité doit être considérée.

Elle est limitée sur trois plans. D'abord en raison de la
restriction des ressources cognitives des agents, qui ne peuvent

---

1. T. Donaldson et T.W. Dunfee, « Toward a unified conception of
business ethics : Integrative social contracts theory », *Academy of Management
Review*, 19(2), 1994, p. 252-284.

2. Le consentement hypothétique est le résultat d'une procédure de voile
d'ignorance proche de celle de Rawls. Les participants au macro-contrat social
ignorent en particulier à quelles communautés économiques ils appartiennent,
ce qui évite qu'ils soient tentés de faire en sorte que les normes de leur communauté deviennent des hypernormes. T. Donaldson et T.W. Dunfee, *Ties that
bind : A social contracts approach to business ethics*, Boston, Harvard Business
School Press, 1999, spécialement p. 26-28.

prendre en compte tous les aspects pertinents d'une situation. Les auteurs évoquent à cet égard la complexité contextuelle des opérations d'acquisitions et de fusions d'entreprises, qui rend l'évaluation de leurs enjeux moraux particulièrement ardue.

La rationalité morale est également limitée en raison de la difficulté, pour le décideur confronté à une situation de choix, à accorder ses intuitions morales avec les conseils issus des théories morales normatives traditionnelles. Les théories déontologiques et utilitaristes, de même que l'approche moderne des parties prenantes, ne sont vraiment utiles à l'agent que dans des situations où la solution morale est évidente. Mais dans les cas, fortement dépendants d'un contexte, où il s'agit de décider s'il est approprié de donner ou d'accepter un cadeau dans un cadre professionnel, d'entrer effectivement dans une négociation avec un client ou de rémunérer un employé sous une forme non monétaire, ces théories n'offrent qu'une indication sommaire sur la conduite à adopter.

Enfin, la rationalité morale est limitée en raison du caractère artefactuel des systèmes économiques, qui fait (de nouveau) ressembler la vie des affaires à un jeu dont les règles sont arbitraires et d'une grande « plasticité ». Or, tant que l'agent n'a pas compris quelles règles du jeu prévalent dans le contexte économique dans lequel il se trouve, en matière par exemple de cadeaux, de négociation ou de rémunération, sa rationalité morale reste fortement limitée.

1 re réponse : utiliser la faculté d'imagination morale

Donaldson et Dunfee proposent un cadre théorique pour mettre en cohérence les normes gouvernant les pratiques concrètes de la vie des affaires et un ensemble d'hypernormes.

Leur référence à la rationalité morale fortement limitée est une manière de justifier le dualisme inhérent à leur approche. L'une des fonctions des hypernormes est de combattre les restrictions, imposées par les contextes économiques locaux, à la rationalité morale des agents.

Patricia Werhane a suggéré que les participants à la vie des affaires pouvaient recourir à la faculté d'imagination pour répondre à la limitation de leur rationalité morale. Dans le prolongement de ses réflexions théoriques, Dennis Moberg et Mark Seabright ont soutenu que le « type de raisonnement » produit par l'imagination morale permet de corriger le fait que « les organisations exercent une influence potentiellement corruptrice, que de mauvaises organisations peuvent conduire de bonnes personnes à faire de mauvaises choses »[1]. Ces deux auteurs ont cherché à montrer, en reprenant la trame standard souvent retenue par les modèles de la décision éthique, que l'imagination morale intervient à différents stades du processus de décision. Lorsque, par exemple, elle est exercée à l'étape de la formation du jugement moral, elle opère sur la manière de peser les conséquences sur autrui des options envisagées. Elle permet au décideur de les évaluer suivant différents critères qui mettent l'accent sur la conformité aux règles, le souci de la relation avec autrui ou la référence à des cas antérieurs ou paradigmatiques. Il ne s'agit pas seulement, pour le décideur, de passer d'un mode d'évaluation morale à un autre – d'être capable d'évaluer selon une éthique fondée sur les règles, une éthique du *care* et une approche casuistique. Il s'agit aussi de considérer la manière dont ceux qui sont potentiellement affectés évaluent la situation. Car l'imagination morale

---

1. D.J. Moberg et M.A. Seabright, « The development of moral imagination », *Business Ethics Quarterly*, 10(4), 2000, p. 845-884.

requiert «d'utiliser le ou les critères que ces "autres personnes" utiliseraient elles-mêmes».

Mais présentée ainsi, cette capacité semble construite de façon *ad hoc* pour faire obstacle aux supposées influences corruptrices d'une organisation sur la prise de décision individuelle. Selon Werhane, l'imagination morale permet à la personne qui est face à un choix de sortir de la perception étroite de la situation dans laquelle elle peut se trouver «piégée», spécialement dans un contexte organisationnel[1]. Car elle perçoit la réalité à travers des «schèmes conceptuels», des «modèles mentaux», dont elle n'a pas conscience, pas plus qu'elle n'a conscience que ces modes de perception la conduisent à ignorer des données, des éléments contraires à son interprétation immédiate ou les positions d'autres personnes. Pour Werhane, il s'agit là du «problème le plus sérieux en éthique des affaires».

Dennis Gioia a proposé un récit, repris par Werhane, du rôle qu'il a joué dans le cas de la Ford Pinto, très populaire en éthique des affaires. Il vise à témoigner de l'influence des «schèmes conceptuels» sur la décision éthique.

Le constructeur automobile Ford lança au début des années 70 une voiture, la Pinto, destinée à être vendue au prix de 2000 dollars. Sur le plan technique, le problème posé par ce véhicule provenait de sa vulnérabilité en cas de collision à l'arrière. En 1973, deux ingénieurs de Ford réalisèrent une analyse coûts – bénéfices en réponse à une proposition de régulation de l'agence américaine en charge de la sécurité

---

1. P.H. Werhane, « A place for philosophers in applied ethics and the role of moral reasoning in moral imagination : A response to Richard Rorty », *Business Ethics Quarterly*, 16(3), 2006, p. 401-408.

automobile. Menée du point de vue de la société et non en fonction des seuls impacts financiers sur l'entreprise, elle comparait les coûts de deux options (conformité aux propositions de régulations et non-conformité) en intégrant des estimations fondées sur des nombres de morts et de blessés. Elle concluait que les critères plus sévères de protection de l'arrière des véhicules, qui étaient inscrits dans le projet de régulation, devaient être rejetés.

L'agence annonça que la régulation entrerait en vigueur pour les modèles de l'année 1977. Mais Ford ne procéda à aucune modification sur les Pinto 1975 et 1976. Des affaires judiciaires, ainsi qu'une campagne de presse, conduisirent Ford à décider le rappel des véhicules en juin 1978 [1].

Dennis Gioia devint en 1973 coordinateur pour les rappels de véhicules chez Ford. Dans son article, il se décrit lui-même comme une personne morale, convaincue que toute entreprise devrait être responsable envers la société [2]. Il décrit également le contexte général du lancement de la Pinto, son importance stratégique pour l'entreprise et les contraintes techniques considérables qu'imposait l'objectif de limiter strictement le poids de ce modèle. En ce qui concerne ce dernier aspect, il est important de noter que les tests de résistance aux chocs réalisés sur des prototypes avaient montré que, lors de collisions par l'arrière, des pièces étaient susceptibles de percer le réservoir d'essence et d'enflammer le véhicule. Des scénarios de modifications avaient alors été envisagés, mais ils avaient paru

---

1. Ces éléments proviennent de l'article de J.R. Danley, «Polishing up the Pinto : Legal liability, moral blame, and risk », *Business Ethics Quarterly*, 15(2), 2005, p. 205-236.

2. D.A. Gioia, « Pinto fires and personal ethics : A script analysis of missed opportunities », *Journal of Business Ethics*, 11, 1992, p. 379-389.

trop coûteux en temps et en argent. L'une des raisons de cette attitude provenait de la croyance que les petites voitures, comme la Pinto, étaient vulnérables en cas de chocs, et qu'il était de toute façon nécessaire d'accepter un certain niveau de risque.

Lorsque des rapports d'accidents impliquant des Pinto parvinrent à Gioia, celui-ci, comme les autres employés de Ford concernés, décida de ne pas rappeler les véhicules en circulation. Mais ils n'avaient pas alors connaissance des memoranda internes relatifs aux tests de résistance réalisés sur les prototypes, dont l'existence ne fut révélée qu'en 1976.

Gioia s'interroge sur les raisons pour lesquelles il n'avait pas « perçu la gravité du problème et ses résonances éthiques ». « Qu'était-il arrivé », se demande-t-il, « à mon système de valeurs » ? Sa conviction est que sa conduite avait alors été en partie déterminée par des cadres interprétatifs, des « scripts » au sens psychologique. « Ma propre connaissance », écrit-il, « organisée en schémas (en scripts), m'influença de telle sorte que je perçus les questions de rappel en fonction de ce qui, dans l'environnement, pesait le plus sur la décision, et que j'ignorai inconsciemment des caractéristiques fondamentales relatives au cas Pinto simplement parce qu'elles ne s'ajustaient à aucun script existant ».

Werhane, qui reprend l'interprétation de Gioia, ajoute que celui-ci n'avait pas conscience qu'il existait un « fossé » entre ses propres croyances morales et son comportement professionnel. Il était en outre dans l'incapacité d'imaginer qu'il pût y avoir d'autres options en réponse au problème posé. Werhane précise ainsi, en s'inspirant du philosophe John Kekes, que l'imagination morale permet de « re-créer » des *possibilités* qui ne sont pas produites par le contexte construit par l'agent.

Elle est fondamentalement une «capacité à découvrir, à évaluer et à agir en fonction de possibilités qui ne sont pas uniquement déterminées par une circonstance particulière, ni limitées par un ensemble de modèles mentaux actifs, ni uniquement circonscrits par un ensemble de règles»[1]. Cette capacité suppose un *désengagement* de l'agent par rapport à la situation, mais pas jusqu'à l'amener à prendre la posture d'un spectateur impartial, car il doit en même temps rester *engagé* dans une certaine mesure. Il est par conséquent essentiel qu'il conserve le contrôle sur l'ensemble de ses processus cognitifs. C'est pourquoi l'imagination morale ne suffit pas à produire un jugement moral : elle doit être accompagnée d'un travail réflexif. Aussi n'apporte-t-elle qu'une réponse partielle à la question de la rationalité morale fortement limitée soulevée par Donaldson et Dunfee.

2ᵉ *réponse : équilibrer les biens internes et les biens externes*

Il y a différentes manières de concevoir, sur le plan philosophique, des parades à la rationalité morale fortement limitée. Celle de Donaldson et Dunfee suppose que les participants à la vie des affaires se réfèrent à des principes d'ordre supérieur – des hypernormes – qui permettent de justifier des normes concrètes et de résoudre des conflits entre ces normes ; celle de Werhane conseille aux décideurs d'exercer leur capacité d'imagination morale qui seule peut les aider, quand cela s'avère nécessaire, à se libérer de leurs schèmes conceptuels et à envisager une variété de possibilités d'action. Plusieurs auteurs se sont engagés dans les voies qu'ils ont ouvertes.

1. P.H. Werhane, « Mental models, moral imagination and system thinking in the age of globalization », *Journal of Business Ethics*, 78, 2008, p. 463-474.

Cette section est consacrée à une autre forme de réponse à la rationalité morale limitée. Elle trouve son inspiration dans la tradition philosophique de l'éthique de la vertu. Cette approche normative semble pertinente pour au moins deux raisons. La première, empirique, est que le vocabulaire des vertus est largement représenté dans les documents éthiques publiés par les entreprises[1]. La seconde, théorique, est que l'éthique de la vertu s'accompagne d'une théorie de l'action qui peut être mobilisée pour comprendre les processus de décision dans le contexte de l'entreprise et prescrire des remèdes.

Ainsi l'homme prudent au sens d'Aristote, le *phronimos*, ne pourrait pas manifester une rationalité morale fortement limitée parce qu'il connaît les faits particuliers, qu'il voit le bien et qu'il est capable de délibérer en vue du bien. D'autres distinctions d'Aristote peuvent s'avérer fécondes pour comprendre certaines actions commises par des salariés au sein de leur entreprise. L'exemple de l'intempérant mérite d'être mentionné. Exprimé en termes modernes, il fait preuve de faiblesse de la volonté au sens où il agit sciemment et librement à l'encontre de son meilleur jugement. Koehn a proposé l'exemple d'un employé qui constate que son entreprise déverse des produits chimiques dans le réseau d'eau potable. Bien qu'il juge que cet acte est moralement répréhensible, il ne procède à aucune alerte éthique. L'interprétation basée sur l'*akrasia* (la faiblesse de la volonté) aristotélicienne est que sa connaissance que « ceci est un déversement de produits chimiques dans le réseau d'eau potable » n'est pas un savoir véritable. Koehn précise qu'il ne parvient pas à mettre son raison-

---

1. Voir R. Chun, « Ethical character and virtue of organizations : An empirical assessment and strategic implications », *Journal of Business Ethics*, 57, 2005, p. 269-284.

nement moral, celui basé sur la droite règle qui lui demande de dénoncer cette pratique, en regard de cette connaissance. Mais elle critique finalement la pertinence de cette interprétation au motif qu'elle ne prend pas en compte le fait que tout raisonnement moral est une pratique sociale, « apprise au sein d'une communauté » [1].

Toutefois l'éthique de la vertu, inspirée cette fois de distinctions issues des travaux d'Alasdair MacIntyre, est susceptible d'apporter une réponse à l'hypothèse de rationalité morale fortement limitée dans le contexte des affaires. Avant de l'aborder, il convient d'évoquer deux couples d'oppositions : d'abord les deux sens qu'Aristote donnait à la *chrématistique*, ou art d'acquérir des richesses, ensuite l'opposition de la vertu aristotélicienne et de la *virtù* machiavélienne.

Comme le remarque Solomon, il est pour le moins étrange de faire appel à Aristote pour penser l'éthique des affaires. Car au Livre I de *La Politique*, celui-ci distingue deux formes d'acquisition des richesses. La première fait partie de l'économie domestique, essentielle au fonctionnement de la Cité. Cette forme de chrématistique vise à acquérir des marchandises qui sont nécessaires à la vie familiale et à la satisfaction de besoins naturels. Mais il en existe une autre, mercantile et non nécessaire. Cette fois la manière d'acquérir est plus savante et le but visé est de « procurer le maximum de profit » [2]. Aristote insiste sur le fait que cette forme-là se caractérise par

---

1. D. Koehn, « Virtue ethics, the firm, and moral psychology », *Business Ethics Quarterly*, 8(3), 1998, p. 497-513. Il existe cependant des conceptions modernes de la faiblesse de la volonté qui peuvent être invoquées pour éclairer des cas de ce genre ; voir par exemple A. Anquetil, « Agir intentionnellement contre ses valeurs », *Gérer et Comprendre*, 78, 2004, p. 4-16.

2. *La Politique*, trad. fr. J. Tricot, Paris, Vrin, rééd. 2005, I, 9, 1257b.

une recherche « sans limites » du profit : à l'inverse de la forme domestique de la chrématistique, qui « a en vue une fin autre que l'accumulation de l'argent, [...] la seconde forme a pour fin l'accumulation même »[1]. Solomon considère que la typologie d'Aristote explique non seulement une grande partie de la défiance contemporaine envers la pratique des affaires, mais aussi la thèse de la séparation et sa manifestation dans l'analogie avec le jeu que défendait Carr[2].

La seconde opposition met en jeu la vertu et la *virtù*. Peter Hadreas imagine un dialogue entre Aristote et Machiavel[3]. L'objectif est d'éclairer les contemporains sur le rôle que devrait remplir l'entreprise au XXIe siècle et sur sa contribution à la réalisation de valeurs morales. « Aristote » affirme que l'entreprise moderne influence la réalisation des biens internes et externes. Les premiers, qui comprennent les vertus intellectuelles et les vertus morales, gouvernent les seconds, qui incluent par exemple la santé, la richesse, la réputation et le souci d'autrui. La réalisation de ces biens correspond à une vie accomplie, pleinement humaine, conforme à l'*eudaimonia*, mais y parvenir suppose une *mise en ordre* de ces biens. Or une telle mise en ordre ne doit pas entraver l'épanouissement humain. Ce serait le cas si, par exemple, les entreprises perpétuaient « les différences entre ceux qui vivent dans l'abondance et ceux qui sont dans le besoin ».

---

1. *Ibid.*

2. « Même les défenseurs de la vie des affaires finissent souvent par présupposer les préjugés aristotéliciens dans des arguments pyrrhoniens tels que "la vie des affaires ressemble au poker et est séparée de la morale ordinaire" (Albert Carr) et "la [seule] responsabilité sociale de l'entreprise est d'accroître ses profits" (Milton Friedman) » (1992, *op. cit.*).

3. P. Hadreas, « Aristotle and Machiavelli interviewed on *Wall Street Week Under Review* », *Business Ethics : A European Review*, 14(3), 2005, p. 223-230.

« Machiavel », lui, s'oppose à la vertu aristotélicienne et affirme que « la vie s'épanouit dans la *virtù* », c'est-à-dire par le truchement d'une « énergie virile inébranlable qui est nécessaire pour surmonter les difficultés ». Par contraste, la vertu favorise « l'indolence, l'oisiveté, la paresse ». Les entreprises évoluent dans un monde où la compétition est tellement sophistiquée que l'art qu'il faut posséder pour la pratiquer se compare à celui de la guerre. Les gens ne sont pas prêts à abandonner ce qu'ils possèdent et, par le jeu de la compétition, les entreprises doivent inventer les produits qui leur sont nécessaires pour vivre. Leurs dirigeants doivent être victorieux car ils agissent au nom de toutes ces personnes qui dépendent d'eux. Et pour cela ils « doivent se montrer impitoyables ».

Ce dialogue imaginaire, basé sur des interprétations simplifiées, illustre l'importance des idées de Machiavel dans l'éthique des affaires. Adolf Berle, l'un des précurseurs de la théorie des parties prenantes, affirmait ainsi, l'année suivant la crise de 1929, qu'« aujourd'hui un nouveau Machiavel s'intéresserait très peu aux princes et beaucoup à la Standard Oil Company of Indiana. Et il aurait raison, car le prince d'aujourd'hui est le président d'une grande entreprise ou celui qui en représente l'intérêt dominant »[1].

Michael Walzer rappelle que Machiavel recommandait au prince d'« apprendre à ne pas être [moralement] bon »[2]. Une telle recommandation s'appliquerait-elle à un dirigeant d'entreprise ? Selon Norman Bowie, la question est de savoir s'il est possible d'être à la fois un « leader » et une personne

---

1. A. A. Berle, assisté de G. C. Means, « Corporations and the public investor », *The American Economic Review*, 20, 1930, p. 54-71.

2. M. Walzer, « Political action : The problem of dirty hands », *Philosophy and Public Affairs*, 2(2), 1973, p. 160-180.

« immorale ». Il formule sa réponse à partir d'une perspective kantienne : pour agir de façon morale, un dirigeant d'entreprise doit obéir à l'impératif catégorique[1]. La réponse de l'éthique de la vertu telle qu'elle a été esquissée par Hadreas suppose de rechercher un équilibre entre biens internes et biens externes. Dans son ouvrage *Après la vertu*, MacIntyre a donné à cette distinction un sens particulier en la reliant aux vertus, aux pratiques et aux institutions[2]. L'argument de MacIntyre a été repris dans le champ de l'éthique des affaires, notamment pour tenter de définir le caractère d'une « firme vertueuse ». Il peut être résumé ainsi.

Les pratiques désignent des activités de coopération qui se déroulent au sein d'institutions « socialement établies », telles que des entreprises, et qui visent à réaliser des biens internes, ce qui suppose de respecter des « normes d'excellence appropriées »[3].

MacIntyre illustre la différence entre biens internes et biens externes en se référant à un jeu. Ainsi une personne peut avoir deux types de raisons de jouer une partie d'échecs : des

---

1. La deuxième version de cet impératif, qui commande de traiter autrui toujours comme une fin et non comme un moyen, fournit des prescriptions négatives : le dirigeant doit éviter de se servir de ses subordonnés comme des moyens de satisfaire ses propres intérêts, et il doit veiller à ce que son charisme n'ait pas pour effet de les priver de leur autonomie de choix. La troisième version de l'impératif catégorique, qui commande d'agir comme un membre, en même temps sujet et souverain, d'un royaume des fins, fournit des prescriptions positives : chaque membre d'une organisation devrait pouvoir proposer des règles susceptibles d'être acceptées par tous les autres. N.E. Bowie, « Business ethics, philosophy, and the next 25 years », *Business Ethics Quarterly*, 10(1), 2000, p. 7-20.

2. A. MacIntyre, *After virtue*, Notre Dame, Notre Dame University Press, 1984, trad. fr. L. Bury, *Après la vertu*, Paris, PUF, 1997.

3. *Ibid.*, p. 183.

raisons *externes* au jeu, comme la perspective de gagner une somme d'argent, et des raisons qui renvoient aux «biens spécifiques au jeu» (par exemple l'«imagination stratégique ou (l')intensité compétitive»). «L'excellence du travail» est l'exemple le plus évident de bien interne, mais il en existe un autre type, de portée plus étendue : le fait que la pratique puisse devenir «le bien d'un certain type de vie», qu'elle puisse s'intégrer dans les descriptions de sa propre vie[1].

MacIntyre définit la vertu en fonction des pratiques et des biens internes. Elle est «une qualité humaine acquise dont la possession et l'exercice tendent à permettre l'accomplissement des biens internes aux pratiques et dont le manque rend impossible cet accomplissement»[2]. Les vertus ne sont pas exercées seulement dans le contexte des relations coopératives entre tous ceux qui participent à une pratique. Leur rôle est également de promouvoir les biens internes dans un cadre institutionnel. Car toute pratique se déroule presque nécessairement au sein d'une institution. Or, parce qu'elle cherche avant tout à réaliser des biens externes et qu'elle distribue de tels biens à ses membres sous la forme de récompenses, toute institution exerce un «pouvoir corrupteur» sur les pratiques, si bien que «les idéaux et la créativité sont compromis par le goût de l'acquisition, l'intérêt coopératif pour les biens communs est compromis par la compétitivité»[3]. C'est la fonction des vertus de contenir cet effet corrupteur, mais elles doivent aussi contribuer au maintien des institutions. En outre, elles ne doivent pas faire entrave à la réalisation des biens externes, qui sont de vrais biens. Ils sont en effet réellement désirés et leur

1. *Ibid.*, p. 185.
2. *Ibid.*, p. 186.
3. *Ibid.*, p. 189.

distribution suppose l'exercice de vertus morales telles que la justice.

C'est ici qu'intervient l'équilibre des biens internes et des biens externes, dont Hadreas a souligné l'importance. Geoff Moore s'est directement inspiré de MacIntyre pour défendre une approche moderne de l'éthique de la vertu appliquée à la vie des affaires [1]. Son argument est le suivant :

    a) À l'instar d'un individu, une entreprise possède un *caractère*.

    b) Il existe une tension entre la *culture* et le *caractère* d'une entreprise. Sa culture, assise sur des valeurs, est essentiellement orientée vers la poursuite de biens externes, dont l'accomplissement suppose de réaliser la meilleure performance financière possible. Son caractère est tourné vers les pratiques et de ce fait vers l'accomplissement de biens internes.

    c) Par définition, si une entreprise a un caractère vertueux, elle est en mesure d'*équilibrer* « de façon appropriée » la poursuite des biens externes et la poursuite des biens internes.

    d) Dans les entreprises vertueuses, la rationalité morale *n*'est *pas* limitée.

Moore justifie l'étape (a) par un « principe de projection » du niveau micro au niveau organisationnel, mais aussi par le fait que la question de la survie des pratiques se pose au niveau organisationnel.

L'étape (b) semble construite pour les besoins de sa thèse, mais il tente de justifier la différence entre culture et caractère d'une firme à partir de travaux académiques sur le concept de « culture organisationnelle ». Ceux-ci montrent que la culture de l'entreprise, qui consiste schématiquement en croyances et

---

1. G. Moore, « Corporate character : Modern virtue ethics and the virtuous corporation », *Business ethics Quarterly*, 15(4), 2005, p. 659-685.

valeurs partagées, produit certaines tournures d'esprit chez ses membres qui les orientent vers la recherche de biens externes.

A l'étape (c), Moore définit le caractère vertueux d'une firme comme « le siège des vertus qui sont nécessaires pour qu'une entreprise s'engage avec excellence dans des pratiques, sachant qu'elle privilégie les biens internes à ces pratiques tout en évitant les menaces provenant de la poursuite immodérée de biens externes et du pouvoir corrupteur d'autres institutions avec lesquelles elle est engagée » [1]. Il ajoute que le caractère de l'entreprise influence le « comportement de l'organisation » aussi bien que celui de ses membres.

Mais comment caractériser le caractère vertueux d'une entreprise ? Moore reprend l'analyse que fait Koehn de quatre situations, dont fait partie le cas d'*akrasia* vu précédemment. Pour chacune d'elles, le schéma vertus – pratique – institution de MacIntyre apporte selon lui une explication convaincante. Il souligne ainsi deux traits importants pour comprendre l'exemple de l'employé qui, contre son meilleur jugement, garde le silence alors que son entreprise a déversé des produits chimiques dans le réseau d'eau potable : d'une part, son entreprise privilégiait la recherche de biens externes au détriment de biens internes ; d'autre part, la culture organisationnelle mettait en avant la loyauté et l'esprit d'équipe, inhibant ainsi sa volonté de traduire son jugement dans les faits. Le conflit vécu par l'employé s'analyse finalement comme le reflet de l'isolement de la « sphère d'activité sociale » dans laquelle il remplissait son rôle. Si son entreprise avait eu un caractère

---

1. Dans le contexte des affaires, les biens internes peuvent inclure « le plaisir ressenti à l'exercice d'habiletés pratiques, la stimulation provoquée par la compétition, la fierté liée à ce qui a été accompli et la dignité personnelle qui dérive d'un travail bien fait ».

vertueux, elle aurait eu conscience de son isolement, en tant qu'institution, par rapport à son environnement social. Elle aurait également facilité la libre expression de ses employés en leur permettant de prendre un point de vue *extérieur* à leur propre entreprise. Plus généralement, elle aurait mis en place des procédures afin de « se prémunir contre tout "cloisonnement" par rapport aux autres institutions de la société et de se voir elle-même comme une partie d'un tout plus vaste ».

L'étape (d) affirme que si une entreprise a un caractère vertueux, alors cela garantit l'exercice, par ses employés, d'une pleine rationalité morale. D'une façon générale, une telle entreprise équilibrera de façon appropriée la recherche des biens internes et externes. Ceci suppose notamment qu'elle fasse preuve de tempérance afin de « résister à la tendance naturelle à l'avarice » et « de limiter la tentation d'utiliser le pouvoir à son propre avantage ». Plus spécifiquement, une entreprise vertueuse fera en sorte que ses employés puissent mettre en doute des méthodes de travail qui jusque-là restaient incontestées en dépit de leurs mauvaises conséquences, par exemple pour l'environnement. Elle veillera également à résister au pouvoir corrupteur que pourraient exercer sur elle d'autres institutions, non seulement celles avec lesquelles elle entretient des relations d'affaires, mais aussi les institutions politiques. Enfin, dans sa synthèse des caractéristiques d'une entreprise vertueuse, Moore précise qu'elle « doit reconnaître que sa fonction la plus importante est de soutenir la pratique » sur laquelle elle est fondée et qu'elle peut certes promouvoir les biens externes, mais seulement dans la mesure où cela permet de soutenir et de développer cette pratique.

La thèse défendue par Moore repose sur des prémisses contestables, comme l'étape (a) qui suppose qu'une entreprise peut posséder un caractère. Mais elle est instructive pour deux raisons. D'abord parce qu'elle répond à la limitation de la rationalité morale par un argument centré sur l'entreprise et non sur l'individu. Le choix de ce niveau d'analyse témoigne du souci que l'entreprise puisse se penser *elle-même* comme un élément *intégré à un tout* et non comme un atome au sein de la société. Ceci suppose que l'entreprise se dote de « systèmes et de procédures » qui lui permettent de « penser » à ses fins, à ses pratiques et aux biens qu'elle cherche à réaliser.

La deuxième raison est que l'appel à l'éthique de la vertu, dans la version élaborée par MacIntyre, débouche, selon les termes de Moore, sur une « critique très sévère du capitalisme ». Toutefois son propos n'est pas de critiquer le capitalisme en tant que système économique. Il est de faire ressortir la conséquence sur l'entreprise de la forme capitaliste d'institutionnalisation des pratiques, qui ne peut que favoriser les biens externes au détriment des biens internes. Mais Moore, comme la très grande majorité des auteurs en éthique des affaires, ne croit pas que ce mode d'institutionnalisation doive être abandonné. Il pense qu'il peut être réformé et qu'il y a à cela une raison empirique très simple : le fait que les entreprises n'ont pas complètement délaissé la poursuite des biens internes. Car si tel était le cas, dit Moore, elles auraient déjà disparu.

VERS DE NOUVELLES MANIÈRES DE PENSER LE RAPPORT DE L'ENTREPRISE AVEC LA SOCIÉTÉ

Une partie des travaux de l'éthique des affaires vise à penser les rapports entre l'entreprise et la société en termes d'intégration (une forme de *Business in Society*). Or une telle aspiration est vaine si la vie des affaires est pensée, au niveau macro, comme un jeu, et au niveau micro comme fortement dépendante du contexte.

Des concepts et des cadres théoriques chargés d'établir une liaison entre l'entreprise et la société ont été proposés pour répondre à ces formes de pessimisme. Ces tentatives ont ainsi pris pour cible des concepts pertinents pour penser les rapports de l'entreprise et de la société, par exemple ceux de *confiance*, d'*intégrité*, de *légitimité*, de *communauté* et d'*engagement*.

La première section s'intéresse aux concepts de *minimum moral* et d'*engagement*. La deuxième section est consacrée à la théorie des parties prenantes, qui constitue le paradigme dominant de l'éthique des affaires.

Minimum moral et engagement

La thèse de la séparation de Freeman décrit deux ensembles de caractéristiques, l'un relatif à la vie des affaires et l'autre à la sphère morale, qui se situent à l'arrière-plan des actions accomplies au sein des entreprises. La thèse de la responsabilité, quant à elle, est clairement motivationnelle : elle énonce qu'en général les agents humains désirent assumer les conséquences de leurs actions.

Il est toutefois possible de soutenir que la thèse de la séparation est également une thèse motivationnelle. Elle revient en effet à affirmer qu'une croyance est largement répandue dans le monde des affaires et dans le reste de la société : celle selon laquelle les normes morales ordinaires n'ont pas d'efficacité motivationnelle sur les décisions écono-miques. En définitive, la thèse de la séparation peut être inter-prétée comme une thèse motivationnelle pessimiste portant sur l'efficacité pratique de la morale ordinaire dans le contexte des affaires, et la thèse de la responsabilité comme une thèse motivationnelle optimiste relative à la volonté des agents d'assumer leur responsabilité morale.

Cette reformulation peut éclairer deux axes de recherche qui s'avèrent significatifs pour l'éthique des affaires et les pratiques des entreprises. Tous deux contribuent à l'idée que l'entreprise ne devrait pas seulement *se conformer* à des normes ou *s'adapter* aux attentes de la société : elle devrait aussi être authentiquement *motivée* pour assumer la responsabilité relative aux effets de ses actions sur autrui.

Le premier concerne l'identification d'un « minimum moral », d'un ensemble fondamental de normes universelles que toute entreprise devrait respecter. En font partie la théorie contractualiste de Donaldson et Dunfee, qui a été présentée dans la deuxième partie, avec sa référence à un ensemble d'hypernormes servant à justifier les règles concrètes de la vie des affaires ; l'identification par Donaldson de dix droits fondamentaux que les entreprises multinationales devraient respecter, qu'il qualifie de « minimum moral pour la conduite de l'entreprise »[1] ; ou encore la synthèse, sous la forme d'un « codex », de huit principes fondamentaux à partir de différents ensembles normatifs, puis la proposition d'une liste de critères tirant leur légitimité de ces principes, à l'instar de la division entre normes et hypernormes[2].

---

1. T. Donaldson, « Can multinationals stage a universal morality play ? », *Business and Society Review*, 81, 1992, p. 51-55.

2. L. Paine, R. Deshpandé, J.D. Margolis et K.M. Bettcher, « Up to code », *Harvard Business Review*, 83(12), 2005, p. 122-133. Ces principes sont les suivants : respecter [en tant que dirigeant] son rôle de mandataire envers l'entreprise et les investisseurs ; respecter les droits de propriété des actionnaires ; respecter ses engagements ; être transparent (sincère et ouvert) dans la

Le deuxième axe de recherche concerne le sens du concept d'«engagement», qui occupe une place significative aussi bien dans les pratiques que dans les réflexions théoriques. Lorsqu'une grande entreprise affirme que «les engagements du Groupe […] reposent sur un certain nombre de principes qui font référence (à des) textes internationaux» et que «ces engagements sont ancrés dans (nos) valeurs», elle utilise ce terme comme un concept de liaison entre des valeurs, ou des principes, et des actions[1]. Cependant le sens du mot «engagement» dont elle fait usage n'est pas facile à déterminer. Sans doute comprend-il une dimension volitive (le même document évoque la *volonté* de dialoguer avec les parties prenantes); le fait que les engagements en question soient déclarés publiquement les assimile peut-être à des «pré-engagements» – des contraintes que l'entreprise s'impose à elle-même; peut-être l'engagement joue-t-il également le rôle d'un intensif: il renforcerait le commandement fait aux salariés de respecter des normes de conduite. Mais quoi qu'il en soit, l'affirmation de l'engagement envers des principes ou des valeurs tranche avec une simple conformité (*compliance*) qui serait perçue comme purement instrumentale, c'est-à-dire dépourvue d'une authentique motivation.

Le terme «engagement» est également présent dans les disciplines académiques. L'expression «engagement des parties prenantes» s'est répandue dans la littérature en éthique des affaires, surtout empirique. Freeman l'emploie pour signaler l'importance de l'engagement réciproque de la firme

gestion de l'entreprise; respecter la dignité de tous; être équitable avec autrui; agir comme un citoyen responsable; être sensible aux revendications légitimes et aux besoins d'autrui.

1. *Rapport technique développement durable* 2006 du groupe Danone.

et de ses parties prenantes, que toute entreprise aurait la responsabilité de rechercher.

L'engagement est également enchâssé dans l'expression « engagement organisationnel » (*organizational commitment*). Il recouvre l'acceptation par les employés des buts et des valeurs de leur entreprise, leur volonté de tout faire pour les respecter et leur désir de rester membre de leur organisation. Mais Ian Ashman et Diana Winstanley se sont réclamés de l'idée sartrienne de l'engagement pour critiquer cette conception traditionnelle et contribuer à un usage de ce concept moins instrumental et « cynique », selon leur terme [1]. Ils affirment que le sens authentique du concept d'engagement a une dimension morale et repose sur les idées de liberté et de réciprocité. Or, l'« engagement organisationnel » tel qu'il est invoqué dans la littérature a perdu de vue son ancrage moral, ignore l'idée de liberté qui lui est intrinsèque, se confond avec le concept de loyauté et s'accompagne d'une notion de réciprocité qui s'interprète pratiquement en fonction du seul souci de l'entreprise de renforcer le contrat qui la lie à ses salariés. Pour Ashman et Winstanley, le véritable choix de s'engager devrait être fondé sur des valeurs que le sujet choisirait librement et non sur l'obligation de respecter des valeurs auxquelles il ne consentirait pas. De plus, son organisation devrait être en mesure de le respecter et d'y répondre favorablement.

Mais ces auteurs s'en tiennent à une critique de la conception traditionnelle de l'engagement et à la formulation de pistes de recherche. Ils font à peine allusion au caractère novateur, voire subversif, que représenterait la recherche par les entreprises d'un engagement *authentique* de leurs

1. I. Ashman et D. Winstanley, « The ethics of organizational commitment », *Business Ethics : A European Review*, 15(2), 2006, p. 142-153.

employés. Car si le marché du travail était parfait et qu'en conséquence les salariés n'étaient pas contraints dans le choix de leurs engagements professionnels, peut-être en résulterait-il l'état de choses que Marc Fleurbaey a ainsi décrit : « des salariés aptes à changer d'entreprise très facilement seraient bien difficiles à contrôler et à motiver »[1].

Les deux concepts envisagés – minimum moral et engagement – peuvent être vus comme deux manières de répondre aux problèmes posés par la thèse de la séparation. Ils sont en quelque sorte orientés vers deux « directions d'ajustement » opposées. Celle du minimum moral va de la société vers les entreprises, alors que la direction visée par l'engagement va des entreprises vers la société. Il est possible que ces deux vecteurs ne se rencontrent pas (que l'adhésion à des minima moraux ne soit que pure conformité, sans effet motivationnel au niveau de l'entreprise, et que ses déclarations d'engagements ne débouchent sur aucun ensemble normatif allant au-delà de ses propres codes de conduite et des cadres régulateurs externes auxquels elle se conforme). Mais la convergence de ces deux concepts pourrait favoriser le changement de perspective, souvent souhaité, qui conduirait à l'intégration de l'entreprise dans la société.

La théorie des parties prenantes

En fait l'éthique des affaires dispose d'un cadre théorique permettant, semble-t-il, de réaliser cette intégration : la théorie des parties prenantes (*stakeholder theory*). Elle a tellement

---

1. M. Fleurbaey, *Capitalisme ou démocratie ? L'alternative du XXIe siècle*, Paris, Grasset, 2006, p. 127.

imprégné ses réflexions théoriques et empiriques qu'elle peut en être considérée comme le paradigme dominant. Ainsi, un article de synthèse paru en 2008 affirme qu'« un rapide coup d'œil sur ce qui se passe dans le monde des affaires montre que l'idée de "parties prenantes" est bien vivante [...] et que la question désormais n'est pas "si" mais "comment" la théorie des parties prenantes répondra aux attentes que son succès a fait naître »[1].

Présentation de la théorie

Lorsque Freeman en donna une première version en 1984, le concept de « partie prenante » devait être selon lui au centre d'une façon radicalement nouvelle d'élaborer et de mettre en œuvre la stratégie de l'entreprise. Il considérait que les schémas mentaux qui étaient disponibles pour penser les relations de la firme avec son environnement s'avéraient inadaptés à un monde « turbulent ». L'entreprise devait déjà répondre à des attentes relatives au respect des droits humains, sociaux et environnementaux, qui étaient en partie formulées par des organisations non gouvernementales. Une réorganisation conceptuelle était nécessaire non seulement au plan théorique, mais aussi au plan pratique, car la nouvelle façon de concevoir les rapports de la firme avec l'environnement devaient « redessiner les frontières de la mission d'un manager dans des termes qu'il [serait] capable de comprendre »[2].

Depuis, de nombreuses versions de la théorie des parties prenantes ont été proposées sans que le cadre général soit

---

1. B.R. Agle *et alii*, « Dialogue : Toward superior stakeholder theory », *Business Ethics Quarterly*, 18(2), 2008, p. 153-190.
2. Freeman, 1984, *op. cit.*, p. 24.

remis en cause. Cette robustesse provient de sa puissance descriptive et de sa plasticité théorique [1].

Le premier aspect a notamment été souligné par Thomas Donaldson et Lee Preston, ainsi que par Max Clarkson [2]. Les premiers affirment que la théorie des parties prenantes « décrit l'entreprise comme une constellation d'intérêts compétitifs et coopératifs possédant une valeur intrinsèque ». Clarkson, lui, rend compte de la manière dont furent interprétées des données empiriques qui avaient été recueillies en vue d'évaluer la « performance sociale » d'un échantillon d'entreprises. Les catégories conceptuelles qui étaient alors disponibles (notamment la *responsabilité* et la *sensibilité* sociale) ne furent pas en mesure de les interpréter [3]. En revanche, elles s'ajustèrent à l'approche des parties prenantes. Il s'avéra en effet que les responsables d'entreprises prenaient leurs décisions non pas en cherchant à répondre à des questions relatives à la société

1. La notoriété qu'a acquis le terme « stakeholder » joue bien sûr un rôle. Il est entré dans les discours des grandes entreprises, des hommes politiques (la *stakeholder economy* fut l'un des thèmes du parti travailliste en Grande-Bretagne au cours des années 90) et des législateurs (voir les « stakeholder laws » d'un certain nombre d'États américains, qui concernent l'effet des fusions et acquisitions d'entreprises sur les parties prenantes).

2. Les deux articles sont parus dans l'*Academy of Management Review*, 20(1), 1995 : T. Donaldson et L.E. Preston, « The stakeholder theory of the corporation : Concepts, evidence, and implications », p. 65-91 ; M.B.E. Clarkson, « A stakeholder framework for analyzing and evaluating corporate social performance », p. 92-117.

3. La sensibilité sociale (*social responsiveness*) désigne la capacité de l'entreprise à répondre aux pressions sociales. Sa neutralité morale et son caractère technique la rendent à première vue plus proche des préoccupations des décideurs. Voir R.A. Buchholz et S.B. Rosenthal, « Social responsibility and business ethics », dans Frederick (ed.), *op. cit.*, p. 303-321.

en général, mais en fonction du contexte immédiat. Celles auxquelles ils avaient à répondre étaient des questions relatives à leurs parties prenantes et non des questions sociales.

Clarkson en conclut qu'il convient de distinguer les types de questions qui sont en jeu en matière de responsabilité sociale, car les responsables d'entreprises sont en relation avec des parties prenantes, pas avec la *société*. L'analyse de cette responsabilité doit être effectuée au niveau approprié (institutionnel, organisationnel ou individuel) et la performance sociale doit être mesurée en tenant compte de ces distinctions.

Beaucoup des discussions sur la fonction sociale de l'entreprise témoignent d'une confusion entre les niveaux d'analyse, qui se traduit par l'application d'un concept à un niveau inapproprié. L'une de ces confusions est d'appliquer le concept de responsabilité sociale au niveau de l'individu. En réalité ce concept est adapté au niveau institutionnel; l'évaluation de la performance sociale d'une firme se situe au niveau organisationnel; et le niveau individuel « est celui des responsables qui gèrent les questions relatives aux parties prenantes ».

Il en résulte que l'organisation et ses membres sont libres de déterminer la portée de leur responsabilité envers les parties prenantes, en particulier les parties prenantes *primaires*, celles dont l'entreprise dépend directement (actionnaires, banquiers, employés, clients, fournisseurs). Elles ont une légitimité que n'ont pas les parties prenantes *secondaires*, qui certes peuvent affecter ou être affectées par les activités de la firme, mais dont celle-ci ne dépend pas pour sa survie. La légitimité des parties prenantes primaires tient au risque qu'elles encourent directement en participant aux activités de l'entreprise.

Le second aspect expliquant la robustesse du cadre des parties prenantes provient de sa plasticité théorique. Il convient de noter au préalable que la théorie a été analysée selon trois « aspects » : normatif, instrumental et descriptif. Donaldson et Preston les ont représentés sous la forme de cercles concentriques – le « noyau normatif », comme l'appelle Freeman, occupant le centre. A chaque aspect correspond une question à laquelle la théorie doit répondre : quelles sont les obligations de l'entreprise envers ses parties prenantes ? Quels seront les effets causés par une prise en compte de leurs intérêts ? Quelles sont les actions concrètes que les entreprises accomplissent envers elles ?

L'approche des parties prenantes est compatible avec différents « noyaux normatifs ». Robert Phillips, Edward Freeman et Andrew Wicks en ont identifié huit[1]. Ceci n'a rien de surprenant, car il y a de multiples façons de justifier l'idée centrale de la théorie : l'importance morale de l'attention portée aux groupes et aux personnes qui ont un effet potentiel ou réel sur la réalisation des objectifs de l'entreprise.

Pour faire ressortir certaines des questions philosophiques posées par cette théorie, il est utile de la présenter sous la forme de thèses générales et de propositions épistémologiques. Dans ce qui suit, « l'entreprise » désigne l'entité collective aussi bien que ses membres individuels.

---

1. R.A. Phillips, R.E. Freeman et A.C. Wicks, « What stakeholder theory is not », *Business Ethics Quarterly*, 13(4), 2003, p. 479-502. Il s'agit du bien commun, de la notion de risque, de la théorie des contrats sociaux intégrés, d'une théorie des droits de propriété, du déontologisme Kantien, de l'éthique du *care*, d'une doctrine des contrats équitables et d'un principe d'équité.

Thèses de la théorie

a) *Intérêt éclairé*. Il est dans l'intérêt bien compris de l'entreprise de satisfaire autant que possible les revendications de ses parties prenantes, car cela conduit à maximiser ses résultats économiques et la richesse de ses actionnaires.

b) *Obligations spéciales*. L'entreprise a envers ses parties prenantes des obligations spéciales. Celles-ci sont liées à l'idée de *valeur intrinsèque* : « les intérêts de *toutes* les parties prenantes (légitimes) ont une valeur intrinsèque, et aucun ensemble d'intérêts n'est supposé dominer les autres » [1]. L'entreprise a aussi des obligations envers les groupes ou les personnes qu'elle n'identifie pas comme parties prenantes.

c) *Équilibre des intérêts*. Les responsables d'entreprises doivent équilibrer les intérêts des parties prenantes.

d) *Respect de l'équité*. La théorie suppose qu'à tous les niveaux de la relation (identification, équilibre des intérêts), les parties prenantes soient traitées de manière équitable.

A première vue, toutes ces thèses ne sont pas compatibles. Ainsi la thèse (a) affirme que ce qui motive l'attention portée aux parties prenantes est l'intérêt éclairé de l'entreprise, alors que la thèse (b) se réfère à un souci en partie désintéressé. Mais chacune d'elles soulève des questions spécifiques.

a) *Intérêt éclairé*. La doctrine de l'intérêt éclairé apporte une justification à la théorie instrumentale des parties prenantes proposée par Thomas Jones. « Instrumentale » désigne ici une approche théorique qui s'intéresse aux connexions entre la « gestion » par l'entreprise de ses parties prenantes et la réalisation de ses buts économiques tels que le profit, la croissance

---

1. T.M. Jones et A.C. Wicks, « Convergent stakeholder theory », *Academy of Management Review*, 24(2), 1999, p. 206-221.

ou la rentabilité. Jones cherche une manière de répondre au « problème de l'opportunisme » selon lequel un acteur, en l'occurrence une firme ou l'une de ses parties prenantes, cherche en toutes circonstances à privilégier son intérêt personnel. Sa solution renvoie à une forme d'intérêt éclairé. Selon lui, les entreprises « qui concluent des contrats avec leurs parties prenantes sur la base de la confiance mutuelle et de la coopération auront un avantage compétitif sur les firmes qui ne procèdent pas de cette façon »[1]. Mais cet objectif est uniquement motivé par l'impératif de réduire l'opportunisme et d'obtenir un avantage compétitif[2].

b) *Obligations spéciales*. L'esprit de la théorie des parties prenantes suggère qu'il existe deux catégories d'obligations que l'entreprise devrait satisfaire : des obligations spéciales et des obligations générales. En s'inspirant de la typologie de Clarkson basée sur le risque, les premières seraient dues aux parties prenantes primaires et les secondes à l'ensemble des

1. T.M. Jones, « Instrumental stakeholder theory : A synthesis of ethics and economics », *Academy of Management Review*, 20(2), 1995, p. 404-437.

2. *Ibid.*, p. 413. Peu de temps avant la parution de l'article de Jones, Donaldson et Preston avaient rendu compte de deux autres tentatives de répondre au problème de l'opportunisme. La première, également de Jones mais en collaboration avec Ch. Hill, consiste en un élargissement de la théorie de l'agence aux relations entre les responsables des entreprises, considérés comme des agents des parties prenantes, et ces dernières. La seconde, due à Freeman et Evan, affirme que l'entreprise doit s'assurer que les intérêts de ses parties prenantes sont pris en compte de façon équitable. Ils recourent à la procédure du voile d'ignorance de Rawls afin de décider ce qu'est un « contrat équitable » entre la firme et une partie prenante. C.W.L. Hill et T.M. Jones, « Stakeholder-agency theory », *Journal of Management Studies*, 29, 1992, p. 131-154 ; R.E. Freeman et W.M. Evan, « Corporate governance : A stakeholder interpretation », *Journal of Behavioral Economics*, 19(4), 1990, p. 337-359.

personnes ou des groupes de personnes que l'entreprise affecte ou qui peuvent l'affecter, pour reprendre la définition large de Freeman – ce qui revient à un vaste ensemble de personnes, voire à la société toute entière. Aussi la détermination de ces obligations spéciales suppose-t-elle de disposer de critères de réduction permettant de délimiter l'ensemble des parties prenantes.

La « valeur intrinsèque » est l'un de ces critères. Elle confère à l'intérêt d'une partie prenante sa légitimité. Donaldson et Preston l'affirment dans ce passage où ils attribuent également une valeur intrinsèque à des groupes humains : « Les intérêts de toutes les parties prenantes ont une valeur intrinsèque. C'est-à-dire que chaque groupe de parties prenantes mérite considération en lui-même et pas seulement en raison de sa capacité à satisfaire les intérêts de quelque autre groupe, comme les actionnaires ». Mais en quel sens parlent-ils d'une valeur intrinsèque ?

Pour y répondre, il est utile d'examiner quelques arguments qui justifient les obligations spéciales dues aux parties prenantes et qui ne font pas appel à ce concept. Ces justifications peuvent renvoyer à une promesse, un contrat ou tout autre engagement volontaire ; ou au fait que le respect de ces obligations génère de bonnes conséquences d'un point de vue global – dans la mesure où elles promeuvent par exemple les valeurs de coopération et de souci d'autrui, qui sont estimées socialement ; ou encore au fait qu'elles ont pour origine des relations particulières qui, si elles n'ont pas le caractère de relations familiales ou d'amitié, produisent néanmoins des devoirs spécifiques.

Si l'on cherche maintenant à justifier ces obligations spéciales par la valeur intrinsèque des intérêts, il semble que la seule méthode valide soit de recourir à une procédure d'universalisation, conforme à un point de vue déontologique. Or, non seulement ce n'est pas le point de vue qu'adoptent Donaldson et Preston[1], mais le recours au concept de valeur intrinsèque paraît peu plausible, surtout appliqué à des « intérêts ». Car cela revient à affirmer que l'entreprise cherche à satisfaire ces intérêts *sans considérer* que cela lui permet aussi de satisfaire ses propres objectifs[2].

Pour éviter ces difficultés, il est possible d'opérer la réduction en proposant une *série* de critères, comme l'ont fait Ronald Mitchell, Bradley Agle et Donna Wood. A partir d'une revue de littérature et d'une analyse empirique et conceptuelle, ils ont retenu trois « attributs relationnels » qui permettent de déterminer, parmi l'ensemble des entités avec lesquelles l'entreprise est en relation, celles qui peuvent être classées parmi les parties prenantes. Il s'agit du *pouvoir* de la personne ou du groupe en question, c'est-à-dire sa capacité à influencer la firme; de la *légitimité* de sa relation avec la firme; et de l'*urgence* qu'il y a à répondre à ses revendications[3]. Selon ces auteurs, les différentes combinaisons de ces trois attributs (suivant qu'ils sont présents ou absents dans une relation entre un responsable d'entreprise et une partie prenante) permettent

---

1. Bien qu'ils affirment que « chaque groupe de parties prenantes mérite considération *en lui-même* » (je souligne).

2. La définition d'une valeur intrinsèque ne se limite pas à son caractère non instrumental : elle « est une réalité dont le caractère de valeur ne dépend ni du contexte, ni de ses conséquences, ni d'une relation à autre chose. Sa valeur n'appartient qu'à elle » (M. Canto-Sperber, *L'inquiétude morale et la vie humaine*, Paris, PUF, 2001, p. 271).

3. R.K. Mitchell, B.R. Agle et D.J. Wood, « Toward a theory of stakeholder identification and salience : Defining the principle of who and what reality counts », *Academy of Management Review*, 22(4), 1997, p. 853-886.

de construire une typologie, d'expliquer pourquoi certaines personnes ou certains groupes sont perçus comme plus saillants, enfin de désigner, dans une optique normative, « ces entités auxquelles les responsables d'entreprises *devraient* prêter attention ».

Cette approche, qui a été utilisée dans différents travaux empiriques, soulève des questions de justification. Le critère de *légitimité* retenu par les auteurs a une acception très large, et l'inclusion du *pouvoir* signifie non seulement que certaines parties prenantes peuvent affecter significativement une entreprise par diverses stratégies d'influence, mais aussi qu'une entité influente peut être catégorisée comme partie prenante sans avoir d'intérêt légitime ou même d'intérêt tout court à défendre. Mais dans ce cas la notion d'obligation spéciale ne perd pas tout son sens pour autant. Certes, l'entreprise n'est pas obligée envers des parties prenantes qui ont une forte influence et qui pressent l'entreprise à agir dans l'urgence, mais elle a alors des obligations spéciales envers celles qui pourraient subir les conséquences indirectes de leurs agissements.

c) *Équilibre des intérêts.* Evan et Freeman soulignaient que l'entreprise « a pour but ultime d'être un véhicule permettant de coordonner les intérêts des parties prenantes »[1]. Selon la théorie, un responsable d'entreprise doit peser avec équité les intérêts en jeu en faisant en sorte de les satisfaire autant que possible, par exemple en minimisant les torts suivant une logique de « maximin ». C'est cette pesée qui « détermine l'action juste »[2].

---

1. Cités par Donaldson et Preston, *op. cit.*
2. E.W. Orts et A. Strudler, « The ethical and environmental limits of stakeholder theory », *Business Ethics Quarterly*, 12(2), 2002, p. 215-233.

Mais elle soulève plusieurs questions. En premier lieu, disent Eric Orts et Alan Strudler, la théorie des parties prenantes n'offre aucune solution pratique pour réaliser cet équilibre. Elaine Sternberg, l'une de ses critiques les plus virulentes, ajoute qu'elle ne dit pas comment donner priorité à un intérêt plutôt qu'à un autre en cas de conflit[1]. Bien sûr, dans la pratique, les responsables d'entreprises équilibrent effectivement ces intérêts, mais ce n'est pas parce qu'ils respectent l'objectif fondamental consistant à « équilibrer les bénéfices pour toutes les parties prenantes », mais parce qu'ils cherchent à maximiser la valeur à long terme pour l'actionnaire. Sternberg conclut avec ironie que « la seule manière de faire en sorte que la théorie des parties prenantes soit applicable est de recourir précisément aux objectifs substantiels qu'elle rejette explicitement ».

Il serait possible de répondre à ces critiques en mettant en exergue l'importance de la rationalité morale du décideur chargé d'équilibrer les intérêts. Car un bon équilibre suppose un bon jugement, plus exactement un jugement impartial. Or il existe différentes manières de concevoir un tel jugement. Marylin Friedman, par exemple, distingue entre plusieurs types de pensée impartiale. Elle envisage ainsi une méthode d'universalisation, qui exige de prendre le point de vue de toutes les personnes concernées par une décision ; une méthode contractualiste inspirée de Rawls qui demande au décideur d'ignorer volontairement ses propres intérêts dans sa délibération ; et une méthode d'identification graduelle et d'élimination de

---

1. E. Sternberg, « The defects of stakeholder theory », *Corporate Governance*, 5(1), 1997, p. 3-10.

toutes les formes de biais pouvant intervenir dans sa décision [1].
Pour être applicable, la théorie des parties prenantes est tenue
d'apporter des réponses à ce type de questions.

Mais ses critiques formulent d'autres arguments. D'abord,
paradoxalement, la recherche d'un équilibre équitable entre
des intérêts pourrait compromettre le souci spécifique de
l'entreprise pour certaines personnes ou certains groupes,
comme les employés [2]. Et puis comment rendre commensu-
rables des obligations morales incombant à la firme, par
exemple celle d'obéir à la loi, et la défense de ses intérêts
économiques ? Dans certains cas, la mise en balance serait
moralement douteuse, voire « répugnante », comme le disent
Orts et Strudler. Ils imaginent l'équilibre entre les intérêts
de parties prenantes qui auraient été concernées par l'affrè-
tement du navire pétrolier Exxon Valdez (il s'échoua en 1989
sur les côtes de l'Alaska et provoqua une marée noire).
Certaines seraient désireuses de maximiser les profits, quitte
à mettre en danger l'environnement, tandis que d'autres se
montreraient soucieuses de le protéger. Orts et Strudler
estiment que ce cas, moralement blâmable, où l'équilibre
reviendrait à s'en remettre aux préférences des parties
prenantes dominantes, est analogue au cas réel de la Ford
Pinto, dans lequel une simple analyse coûts – bénéfices fut
mise en regard de vies humaines.

d) *Respect de l'équité*. Deux solutions théoriques
apportées au problème de l'équilibre des intérêts méritent
d'être mentionnées. La première est proposée par Donaldson
et Dunfee dans le cadre de leur théorie contractualiste. Selon

1. M. Friedman, « The impracticality of impartiality », *The Journal of
Philosophy*, 86(11), 1989, p. 645-656.

2. Sternberg, *op. cit.*

celle-ci, les obligations de l'entreprise envers ses parties prenantes dépendent des normes du contrat micro-social, c'est-à-dire de celles en vigueur dans les communautés économique auxquelles elle appartient. L'équilibre entre les intérêts est également réglé par des normes issues de ces communautés. Mais pour être légitimes, ces normes doivent être compatibles avec des hypernormes, lesquelles peuvent exiger, si le système normatif d'une communauté ne le prévoit pas, que soient reconnues certaines des revendications des parties prenantes.

Phillips a proposé une approche alternative reposant sur la distinction, identique à celle présentée à la thèse (b), entre ce qu'il nomme des « obligations additionnelles » dues aux parties prenantes et celles, générales, dues à tout être humain [1]. Ces obligations additionnelles trouvent leur source dans la coopération volontaire entre l'entreprise et ses parties prenantes, qui a pour objet de produire un bénéfice mutuel. Elles visent à respecter l'équité entre tous ceux qui participent à un « schéma de coopération ». Phillips a déterminé les caractéristiques d'un tel schéma en s'inspirant du principe de fair play proposé par Rawls : « Dès lors que des personnes ou des groupes de personnes acceptent volontairement les bénéfices d'un schéma de coopération mutuellement bénéfique, qui exige des sacrifices ou des contributions de la part des participants et où peuvent exister des passagers clandestins (*free riders*), alors des obligations d'équité sont créées parmi les participants au schéma coopératif en proportion des bénéfices acceptés ».

---

1. R.A. Phillips, « Stakeholder theory and a principle of fairness », *Business Ethics Quarterly*, 7(1), 1997, p. 51-66.

L'argument de Phillips repose sur la prémisse selon laquelle les transactions commerciales sont des schémas de coopération. A supposer qu'elle soit fondée, sa thèse a deux effets notables. D'abord elle fournit un critère d'identification : est une partie prenante toute personne envers laquelle est due une obligation morale *additionnelle*, c'est-à-dire toute personne qui entre dans un schéma de coopération tel que défini ci-dessus. Cela évite de compter par exemple les terroristes ou, sauf cas particuliers, les concurrents comme des parties prenantes. Mais elle a surtout pour effet de promouvoir l'idée que l'entreprise et ses parties prenantes sont interdépendantes et qu'elles peuvent s'associer pour réaliser des fins communes tout en préservant leur autonomie.

Propositions épistémologiques

La théorie des parties prenantes peut également être caractérisée par des propositions à caractère épistémologique. Elles concernent le fait que la théorie ne remettrait pas en cause les principes généraux de l'économie libérale, en particulier ceux de respect de la propriété privée, de liberté et de concurrence ; qu'elle pourrait être étendue à l'ensemble des interactions économiques entrant dans le champ de la vie des affaires ; qu'elle répondrait au problème de l'application des théories morales normatives ; enfin qu'elle contribuerait à unifier la philosophie morale et les sciences sociales.

Cadre économique. La théorie des parties prenantes s'inscrit dans le cadre de l'économie libérale. Mais certaines théories normatives, qui proposent une vision nouvelle de l'entreprise et de ses relations avec ses parties prenantes, nuancent cette affirmation.

La théorie kantienne de Norman Bowie est dans ce cas. Elle énonce sept principes qu'une « firme morale » devrait respecter. Par exemple toute entreprise «devrait prendre en compte les intérêts de toutes les parties prenantes affectées», ceux qui sont affectés par ses règles de fonctionnement devraient pouvoir «participer à leur détermination avant qu'elles soient mises en œuvre» et aucune partie prenante ne devrait être prioritaire dans toutes ses décisions[1]. Pour Bowie, l'application de ces principes devrait conduire à une démocratisation de l'entreprise. Elle impliquerait par exemple la suppression de niveaux hiérarchiques, la participation des parties prenantes à la définition des règles de fonctionnement de la firme ainsi que des modalités de prise de décision qui la conduiraient *in fine* à «être organisée comme une entreprise coopérative». Bowie ajoute que «puisque les règles et les procédures de la firme auraient reçu l'approbation des différents groupes de parties prenantes, la firme ressemblerait à une démocratie représentative», et qu'«en termes de gouvernance, [elle] aurait un air très différent de la plupart des firmes d'aujourd'hui»[2].

1. N.E. Bowie, *Business ethics : A Kantian perspective*, Oxford, Blackwell Publishers, 1999, p. 90-91.

2. *Ibid.*, p. 102-103. Sur le rapports entre démocratie représentative dans l'entreprise et parties prenantes, voir en particulier Ch. McMahon, « The political theory of organizations and business ethics », *Philosophy and Public Affairs*, 24(4), 1995, p. 292-313. McMahon considère qu'une autorité légitime au sein d'une organisation doit prendre le point de vue des membres du groupe dont elle sert les intérêts. Ainsi envisage-t-il plusieurs configurations dans lesquelles le dirigeant est respectivement au service des actionnaires, des employés, de l'organisation en tant que collectif, de la totalité des parties prenantes ou de la société en général. McMahon défend l'idée que la « C-autorité », c'est-à-dire un mode vertueux d'autorité directoriale qui facilite la coopération au sein de l'organisation, correspond au cas où le dirigeant représente les employés.

Extension. La proposition relative à l'extension de la théorie des parties prenantes soulève également une question de représentativité. Deux idées s'articulent ici. Selon la première, cette théorie permet en quelque sorte à l'entreprise de délimiter son environnement afin d'exercer sur lui un meilleur contrôle. La seconde énonce que son statut de paradigme dominant conduit à supposer que l'ensemble des parties prenantes d'une entreprise reflète, voire représente, la société dans son ensemble. Corinne Gendron, Alain Lapointe et Marie-France Turcotte l'ont clairement exprimé à propos de la responsabilité sociale de l'entreprise, qui se réfère largement à cette théorie : « [elle] se résume ici à l'agrégation ou à l'équilibre des intérêts des parties prenantes, en supposant que ceux-ci reflètent l'intérêt général » [1].

Réponse au problème de l'application des théories morales normatives. Les aspects instrumental et descriptif de la théorie contraignent les théories morales normatives, qui sont susceptibles de constituer son « noyau normatif », à s'adapter aux caractéristiques des relations de l'entreprise avec ses parties prenantes.

Cette proposition fait écho aux nombreux débats qui ont eu lieu dans l'éthique des affaires sur la possibilité d'appliquer les théories morales normatives aux situations réelles. Elle est une réponse à ce que Boatright appelait « l'immense difficulté » à « connecter la théorie et la pratique » [2]. Or la théorie des parties prenantes décrit de façon pertinente la réalité des relations des

---

1. C. Gendron, A. Lapointe et M.-F. Turcotte, « Responsabilité sociale et régulation de l'entreprise mondialisée », *Relations Industrielles*, 59(1), 2004, p. 73-100.

2. J.R. Boatright, « Bridging the gulf between management practice and ethical theory », *Business Ethics Quarterly*, 1(4), 1991, p. 449-459.

entreprises avec leur environnement. Elle semble ajustée à un monde où la firme est réellement au centre d'un réseau de parties prenantes qui sont elles-mêmes en interconnexion.

Unification de la philosophie morale et des sciences sociales. La théorie permet d'unifier les approches normatives et les approches empiriques et instrumentales car elle répond au problème de la dichotomie entre « ce qui doit être » et « ce qui est ».

Cette proposition a fait, elle aussi, l'objet de beaucoup de discussions. La séparation entre deux approches, l'une philosophique et largement située dans le champ de la métaéthique et de l'éthique normative, l'autre plutôt empirique, relevant des sciences sociales, a en partie reflété la séparation entre les champs de la *Business Ethics* et de la *Business and Society*. Les spécialistes de chacun des domaines ont bien sûr cherché à les rapprocher[1]. Cependant la théorie des parties prenantes leur a facilité la tâche. Donaldson et Preston ont par exemple affirmé que ses trois dimensions (normative, instrumentale et descriptive) sont inextricablement liées.

Mais Freeman considère que ces auteurs, tout comme Mitchell, Agle et Wood, ont été victimes des effets de la thèse de la séparation. Celle-ci se traduit typiquement dans le point de vue adopté pour penser une « partie prenante ». Pour les premiers, qui privilégient une optique normative, elle est une façon de désigner ceux envers lesquels l'entreprise *devrait* être responsable. Pour les seconds, dont l'approche est plus empi-

---

1. Voir les deux articles de L. Klebe Trevino et G. Weaver dans *Business Ethics Quarterly*, 4(2), 1994 : « Business ETHICS/BUSINESS ethics : One field or two ? », p. 113-128, et « Normative and empirical business ethics : Separation, marriage of convenience, or marriage of necessity ? », p. 129-143.

rique, elle est « une *unité d'analyse* commode qui dépeint facilement les effets de l'entreprise sur la société »[1].

La thèse de la séparation produirait donc des effets jusque dans la relation entre philosophie et sciences sociales. Elle se trouverait même résumée dans la dichotomie de l'« être » et du « devoir être ». Freeman l'expose de la façon suivante : les sciences sociales s'intéressent au comportement réel des entreprises ; la philosophie développe un point de vue critique qui repose sur la manière dont elles devraient se comporter ; les deux disciplines ont peine à se rapprocher en raison de la croyance au principe selon lequel il est interdit de déduire « ce qui doit être » de « ce qui est ».

Il est toutefois possible d'avancer l'idée que si la théorie des parties prenantes a pu rapprocher philosophie et sciences sociales, c'est en raison de la reconnaissance de deux principes. Le premier est le principe Kantien « devoir implique pouvoir ». Il relie le « devoir être » à ce qui « est », en l'occurrence à la réalité de la vie des affaires. Freeman l'a souvent évoqué. Le second principe reconnaît une dépendance étroite entre les jugements moraux sur la responsabilité des entreprises envers les parties prenantes et les jugements de faits concernant la nature de ces relations. Mais cette relation, dite de « survenance », n'est quasiment pas mobilisée dans la littérature[2].

Ces considérations débouchent sur une forme de pessimisme. Si, dans ses versions instrumentales, la théorie des parties prenantes se limite à des ambitions pratiques,

---

1. Freeman, 2000, *op. cit.*

2. Pour une discussion détaillée de ces deux principes, voir R. Ogien, « La philosophie morale a-t-elle besoin des sciences sociales ? », *L'Année sociologique*, 54(2), 2004, p. 589-606.

« managériales », elle vise aussi, plus globalement, à rapprocher l'entreprise de la société. Mais il y aurait là – c'est la position de Freeman – une contradiction. Elle résiderait au fond dans le fait que la théorie ne parviendrait pas à s'affranchir d'un présupposé individualiste qui conduit à penser les entreprises comme des atomes isolés, libres de négocier leurs relations avec la société comme elles le font par exemple avec leurs partenaires commerciaux.

TEXTES ET COMMENTAIRES

TEXTE 1

Milton Friedman
La responsabilité sociale de l'entreprise est d'accroître ses profits*

Quand j'entends des hommes d'affaires parler avec éloquence des «responsabilités sociales de la firme dans un système de libre entreprise», je me souviens du vers magnifique d'un Français qui découvrit à l'âge de soixante-dix ans qu'il avait parlé en prose toute sa vie. Les hommes d'affaires croient qu'ils défendent la libre entreprise quand ils récitent à haute voix que l'entreprise ne s'intéresse pas «seulement» au profit mais qu'elle cherche aussi à promouvoir des fins «sociales» désirables; que l'entreprise a une «conscience sociale» et qu'elle prend au sérieux ses responsabilités en ce qui concerne l'emploi, l'élimination des discriminations, la lutte contre la pollution et tout ce qui pourrait constituer les mots d'ordre des réformateurs à la mode. En fait ils prêchent

* M. Friedman, «The social responsibility of business is to increase its profits», *The New York Times Magazine*, 13 septembre 1970, trad. fr. A. Anquetil.

– ou prêcheraient si eux-mêmes ou n'importe qui les prenait au sérieux – un socialisme pur et simple. Les hommes d'affaires qui parlent de cette façon sont, sans le savoir, les marionnettes de forces intellectuelles qui ont sapé les bases d'une société libre au cours des décennies passées.

Les discussions relatives aux « responsabilités sociales de l'entreprise » sont remarquables par leur imprécision analytique et leur manque de rigueur. Que veut dire l'idée selon laquelle l'« entreprise » a des responsabilités? Seules des personnes peuvent avoir des responsabilités. Une entreprise est une personne artificielle et en ce sens elle peut avoir des responsabilités artificielles, mais on ne peut pas dire de l'« entreprise » prise comme un tout qu'elle a, même dans ce sens vague, des responsabilités. Le premier pas vers la clarté dans l'examen de la doctrine de la responsabilité sociale de l'entreprise est de se demander précisément ce qu'elle implique et qui elle concerne. [...]

Dans un système de libre entreprise et de propriété privée, un dirigeant est employé par les propriétaires de l'entreprise. Il a une responsabilité directe envers ses employeurs. Cette responsabilité est de conduire l'entreprise en accord avec leurs désirs, qui seront généralement de gagner le plus d'argent possible tout en se conformant aux règles fondamentales de la société, à la fois celles qui sont fixées par la loi et celles qui résultent des coutumes morales. [...] Le point clé est que, en sa qualité de responsable d'entreprise, le dirigeant est l'agent des individus qui possèdent l'entreprise [...], et il est d'abord responsable envers eux.

Il va sans dire que ceci ne signifie pas qu'il soit facile d'évaluer dans quelle mesure il accomplit bien sa tâche. Mais au moins le critère de performance est simple et les personnes entre lesquelles existe un accord contractuel volontaire sont clairement définies. […]

Que veut-on dire lorsqu'on affirme que le dirigeant d'entreprise a une «responsabilité sociale» en sa qualité d'homme d'affaires? Si cette assertion n'est pas pure rhétorique, elle doit signifier qu'il doit agir d'une manière qui n'est pas dans l'intérêt de ses employeurs : qu'il doit par exemple s'abstenir d'accroître le prix d'un produit pour contribuer à l'objectif social consistant à éviter l'inflation, même si une augmentation du prix serait dans le meilleur intérêt de l'entreprise; ou qu'il doit, pour réduire la pollution, réaliser des dépenses au-delà du montant qui est dans le meilleur intérêt de l'entreprise ou qui est requis par la loi, afin de contribuer à l'objectif social consistant à améliorer l'environnement; ou que, au détriment des profits de l'entreprise, il doit embaucher des chômeurs «chroniques», plutôt que des ouvriers disponibles et mieux qualifiés, pour contribuer à l'objectif social consistant à réduire la pauvreté.

Dans chacun de ces cas, le dirigeant d'entreprise dépenserait l'argent de quelqu'un d'autre pour l'intérêt général. Dans la mesure où ses actions, qui sont conformes à sa «responsabilité sociale», réduisent le bénéfice des actionnaires, il dépense leur argent. Dans la mesure où ses actions augmentent le prix payé par les clients, il dépense l'argent des clients. Dans la mesure où ses actions abaissent les salaires de certains employés, il dépense leur argent. […]

Mais s'il agit ainsi, d'un côté il impose une taxe, et d'un autre côté il décide comment la recette fiscale doit être dépensée.

Ce processus soulève des questions politiques à deux niveaux, relativement à un principe et relativement aux conséquences. S'agissant du principe politique, l'établissement des impôts et l'utilisation de la recette fiscale sont des fonctions gouvernementales. [...]

La seule justification permettant au dirigeant d'entreprise d'être sélectionné par les actionnaires est que le dirigeant est un agent qui sert les intérêts d'un principal. Cette justification disparaît lorsque le dirigeant d'entreprise établit des impôts et dépense la recette fiscale pour des buts « sociaux ». Il devient en effet un salarié public, un fonctionnaire, même s'il demeure en fait l'employé d'une entreprise privée. Si l'on se réfère au principe politique, il est intolérable que de tels fonctionnaires – dans la mesure où leurs actions faites au nom de la responsabilité sociale sont réelles et ne jouent pas simplement le rôle d'une façade, – soient sélectionnés comme ils le sont aujourd'hui. S'ils doivent être des fonctionnaires, alors ils doivent être élus dans le cadre d'un processus politique. S'ils doivent établir des impôts et réaliser des dépenses pour favoriser des objectifs « sociaux », alors des mécanismes politiques doivent être instaurés pour évaluer les impôts et déterminer, dans le cadre d'un processus politique, les objectifs à poursuivre. [...]

S'agissant des conséquences, le dirigeant d'entreprise peut-il en fait s'acquitter de ses prétendues « responsabilités sociales » ? Supposons donc qu'il ait la latitude de dépenser l'argent des actionnaires, des clients ou des employés. Comment peut-il savoir combien d'argent il peut dépenser ? On lui dit qu'il doit contribuer à combattre l'inflation. Comment peut-il savoir quelle action, décidée par lui seul, contribuera à cette fin ? Il est probablement un expert pour administrer son entreprise lorsqu'il fabrique un produit, qu'il le vend ou qu'il le finance. Mais rien, dans ce qui a conduit à le sélectionner pour remplir ce rôle, n'en fait un expert de l'inflation. [...]

Et, qu'il le veuille ou non, peut-il avoir la latitude de dépenser l'argent des actionnaires, des clients ou des employés ? Les actionnaires ne le licencieront-ils pas (soit les actionnaires actuels, soit ceux qui auront repris les commandes quand ses actes, accomplis au nom de la responsabilité sociale, auront fini par réduire les profits de l'entreprise et le prix de son action) ? Ses clients et ses employés peuvent l'abandonner au profit d'autres producteurs et d'autres employeurs moins scrupuleux sur l'exercice de leurs responsabilités sociales. [...]

Naturellement, en pratique la doctrine de la responsabilité sociale masque fréquemment des actions qui sont justifiées par d'autres raisons.

Pour illustrer ce point, il peut fort bien être dans l'intérêt à long terme d'une entreprise qui est un employeur majeur dans une petite collectivité locale de consacrer des ressources pour fournir des équipements à cette collectivité ou améliorer son administration. Cela pourrait attirer plus facilement de la main d'œuvre de qualité, réduire la masse salariale, même diminuer les pertes liées au coulage et au sabotage ou avoir d'autres effets notables. [...]

Dans chacun de ces cas et dans beaucoup de cas similaires, la tentation est forte d'expliquer ces actions par la mise en œuvre d'une « responsabilité sociale ». Dans l'atmosphère actuelle, avec son aversion répandue pour le « capitalisme », les « profits », « l'entreprise inhumaine », etc., c'est une manière pour une entreprise de générer de la bienveillance en tant que sous-produit de dépenses qui sont entièrement justifiées par son propre intérêt.

Il serait inconséquent de ma part d'exiger des dirigeants d'entreprises qu'ils s'abstiennent de cet habillage hypocrite au motif qu'il sape les fondations d'une société libre. Cela reviendrait à exiger d'eux qu'ils exercent une « responsabilité

sociale » ! Si nos institutions et les attitudes du public parviennent dans leur propre intérêt à masquer leurs actions de cette
façon, je ne peux pas les dénoncer. En même temps, je peux
exprimer de l'admiration pour les propriétaires d'entreprises
individuelles ou pour les actionnaires d'entreprises moins
étroitement contrôlées qui dédaignent de telles tactiques au
motif qu'elles sont proches de la fraude.

Qu'elle soit blâmable ou non, l'utilisation du masque de la
responsabilité sociale et les inepties dites en son nom par des
hommes d'affaires influents et prestigieux sape clairement les
fondations d'une société libre. J'ai été maintes et maintes fois
impressionné par le caractère schizophrénique de beaucoup
d'hommes d'affaires. Ils sont capables d'être extrêmement
clairvoyants et lucides sur des questions internes à leurs
affaires. Ils sont incroyablement myopes et confus sur des
questions qui sont en dehors de leurs entreprises mais qui affectent la possible survie de l'entreprise en général. Cette myopie
est remarquablement illustrée dans les appels de beaucoup
d'hommes d'affaires en faveur de la mise en place de lignes
directrices en matière de salaires et de prix, de contrôles ou de
politiques des revenus. Il n'y a rien qui puisse, sur une courte
période, faire plus qu'un contrôle gouvernemental efficace des
prix et des salaires pour détruire un système de marché et le
remplacer par un système centralisé.

On trouve également une illustration de cette myopie dans
les discours des hommes d'affaires sur la responsabilité
sociale. A court terme, cela leur permet de récolter quelques
lauriers. Mais cela aide aussi à renforcer l'opinion déjà trop
répandue que la poursuite des profits est mauvaise et immorale, et qu'elle doit être réfrénée et contrôlée par des interven-
tions extérieures. Si cette opinion doit prévaloir, les interven-
tions extérieures visant à réfréner le marché ne viendront pas

des consciences sociales, fussent-elles extrêmement développées, de dirigeants pontifiants ; elles viendront plutôt de la main de fer des bureaucrates du gouvernement. Comme pour les contrôles des prix et des salaires, les hommes d'affaires me semblent ici révéler une impulsion suicidaire.

Le principe politique qui est à la base du mécanisme du marché est l'unanimité. Dans un marché libre idéal reposant sur la propriété privée, nul individu ne peut contraindre un autre ; toute coopération est volontaire ; toutes les parties à une telle coopération en tirent avantage, sinon elles n'ont pas besoin de participer. Il n'y a pas de valeurs, pas de responsabilités « sociales », quelque soit le sens qu'on leur donne, en dehors des valeurs et des responsabilités partagées par les individus. La société est un ensemble composé d'individus et des différents groupes qu'ils forment volontairement.

Le principe qui sous-tend le mécanisme politique est la conformité. L'individu doit servir l'intérêt général, que celui-ci soit déterminé par une religion, un dictateur ou une majorité. L'individu peut avoir la possibilité de voter et d'avoir son mot à dire sur ce qu'il estime devoir être fait, mais si la décision est contraire, il doit s'y conformer. Il appartient à certaines personnes d'exiger des autres qu'elles contribuent à un but social général, qu'elles le veuillent ou non.

Malheureusement l'unanimité n'est pas toujours réalisable. Il y a des cas dans lesquels la conformité apparaît inévitable, si bien que je ne vois pas comment, tout compte fait, on peut éviter l'utilisation du mécanisme politique.

Mais la doctrine de la « responsabilité sociale » prise au sérieux étendrait la portée du mécanisme politique à toutes les activités humaines. Sur le fond elle ne diffère pas de la doctrine plus explicitement collectiviste. Elle en diffère seulement en prétendant que les fins collectivistes peuvent être réalisées sans utiliser des moyens collectivistes. C'est pourquoi, dans mon ouvrage *Capitalisme et liberté*, je l'avais qualifiée de « doctrine fondamentalement subversive » dans une société libre, et j'avais affirmé que, dans une telle société, « l'entreprise n'a qu'une responsabilité sociale et une seule, celle d'utiliser ses ressources et de s'engager dans des activités visant à accroître ses profits, dès lors qu'elle respecte les règles du jeu, c'est-à-dire qu'elle s'engage dans une concurrence ouverte et libre, sans tromperie ni fraude ».

COMMENTAIRE

L'article de Milton Friedman est une explicitation de sa position sur la doctrine de la responsabilité sociale de l'entreprise qu'il défendit dans son ouvrage *Capitalisme et Liberté*[1]. Il est nécessaire d'en rappeler l'arrière-plan.

La thèse principale de Friedman était centrée sur l'importance de la liberté. Non seulement la liberté économique, celle qu'autorise le marché et qui consiste à échanger des biens sur une base volontaire et dans un régime de concurrence, est une composante essentielle de l'idée de liberté, mais elle est aussi une condition nécessaire de la liberté politique. Car une véritable liberté économique conduit à instituer un pouvoir susceptible de faire contrepoids au pouvoir politique. De plus, le pouvoir économique est dispersé, réparti entre de multiples agents économiques. Si la fonction de l'État est pour l'essentiel de déterminer les règles du jeu de la vie des affaires et de remplir un rôle d'arbitre chargé d'interpréter et de mettre en œuvre ces règles, comme ce devrait être le cas dans une société authentiquement libérale, il en résulte qu'aucun pouvoir de

1. M. Friedman, *Capitalism and freedom*, Chicago, University of Chicago Press, 1962.

coercition centralisé ne vient compromettre la liberté des individus. L'économie dirigée, celle des systèmes socialistes, restreint considérablement leur liberté économique. Il serait illusoire de penser qu'ils peuvent y jouir d'une pleine liberté politique. Dans ce type de système, le pouvoir politique et économique est concentré entre les mains de l'État, lequel ne peut qu'exercer un pouvoir de coercition. Le système de l'État providence tombe partiellement sous cette critique parce qu'il dispose d'un pouvoir fort et que les citoyens tendent à compter sur lui, plutôt que sur l'initiative privée, pour garantir leur bien-être.

L'article commence par interpeller les hommes d'affaires (les dirigeants d'entreprises). Ils croient pouvoir déclarer publiquement qu'ils poursuivent plusieurs objectifs – faire du profit et contribuer à des fins sociales – tout en adhérant à l'idée de libre entreprise. Mais un tel discours n'est pas sans conséquences politiques. Si la responsabilité sociale de l'entreprise doit être prise en sérieux, elle menace la liberté individuelle et ouvre la voie à un système socialiste. Ceux qui la défendent semblent en outre oublier que faire du profit *est* une responsabilité sociale. Cet objectif étroit permet certes de satisfaire les intérêts personnels des actionnaires et des membres de l'entreprise, mais Adam Smith affirmait que la recherche par chacun de son intérêt personnel dans le cadre des activités économiques était plus efficace pour l'intérêt général que la visée directe du bien public [1].

L'imprécision de la notion de responsabilité sociale de l'entreprise contribue à cette confusion. Aussi Friedman

---

1. A. Smith, *Recherches sur la nature et les causes de la richesse des nations*, 1776, livre IV, chap. 2.

propose-t-il une série d'arguments pour éclaircir sa signification.

Le premier est qu'en tant que collectif, l'entreprise ne peut se voir imputer des responsabilités. Seul un individu peut être responsable.

Le second argument est l'expression de la thèse centrale de la « théorie de l'actionnaire » (*stockholder theory*) : le dirigeant agit dans le seul intérêt des actionnaires, propriétaires de l'entreprise. Il a accepté d'être leur *agent* par un contrat auquel il a librement consenti. Les actionnaires ont essentiellement pour but de maximiser leur « retour sur investissement », mais ceci ne signifie pas que le dirigeant opère dans un vide moral : il est tenu de respecter la loi et les règles éthiques en vigueur dans la société. Ceci implique, Friedman le précisera tout à la fin, de ne pas tromper autrui et d'éviter toute fraude. Comme le souligne John Hasnas, « une bonne partie des critiques émises contre la théorie de l'actionnaire provient de l'ignorance de ces limitations éthiques »[1].

Un dirigeant ne peut utiliser les ressources de l'entreprise que dans le seul intérêt des actionnaires. Puisque cet intérêt se ramène en dernier ressort au profit et que les dépenses en matière de responsabilité sociale réduisent le profit, ces dépenses sont une violation du contrat conclu avec les actionnaires. La dépense n'est certes pas réalisée dans l'intérêt pécuniaire du dirigeant (ce serait alors du vol), mais elle vise l'intérêt général et s'assimile donc à un impôt. Le dirigeant agit alors comme un agent public, un fonctionnaire, non pas en sa qualité d'agent des actionnaires.

1. J. Hasnas, « The normative theories of business ethics : A guide for the perplexed », *Business Ethics Quarterly*, 8(1), 1998, p. 19-42.

Cette conclusion rejoint la préoccupation de Friedman relative au rôle de l'État dans une société libre [1]. Elle lui permet de soulever une série de problèmes qui expriment une confusion entre les sphères politiques et économiques. Ainsi un dirigeant obéissant à la doctrine de la responsabilité sociale se conduit comme un fonctionnaire sans avoir été nommé selon les règles édictées par la société, et il ne dispose pas, à l'inverse d'un agent public, de critères lui permettant de répartir les fonds qu'il destine à des fins sociales.

Ces confusions peuvent bien sûr se résoudre par la décision des actionnaires de résilier le contrat les liant à leur dirigeant, voire par le rachat de l'entreprise dont la valeur aura été réduite par l'utilisation d'une partie de ses ressources à des fins sociales. Dans les deux cas, la recherche du profit revient au premier plan pour faire en sorte que l'entreprise devienne à nouveau un acteur économique compétitif.

Mais beaucoup de dirigeants adhèrent à la doctrine de la responsabilité sociale dans un but purement instrumental. Pour Friedman, il n'y a là rien de blâmable, puisque la fin demeure la maximisation du profit à long terme et qu'il existe une forme de consensus sur le fait que le discours sur la responsabilité sociale n'est en réalité qu'un « masque ».

Un tel artifice avait été dénoncé par Theodore Levitt [2]. Depuis une dizaine d'années, affirmait-il en 1958, les dirigeants des grandes entreprises évitent de dire que la recherche du profit est leur objectif principal. Ils préfèrent parler de responsabilité sociale car ce thème est à la mode. Mais les gens

---

1. Friedman, 1962, *op. cit.*, chap. 2.
2. T. Levitt, « The dangers of social responsibility », *Harvard Business Review*, 36(5), 1958, p. 41-50.

finissent par croire ce qu'ils disent et par agir en fonction de leurs croyances. Friedman développe cette idée en affirmant que ce genre de discours contribue à dévaluer moralement la recherche du profit et encourage *in fine* l'intervention de l'État dans la vie économique.

Au fond la doctrine de la responsabilité sociale revient selon lui à introduire une logique politique dans la vie des affaires. Elle repose sur la conformité : dans une société démocratique, les décisions auxquelles participent les citoyens se prennent selon la règle de majorité, et dès lors que le vote a eu lieu, tous doivent s'y conformer. Ce principe de conformité est, dans l'idéal, inconnu du marché. Celui-ci permet de coordonner les activités économiques en évitant le recours à toute forme de contrainte. Il repose sur la propriété privée et la liberté effective des individus de participer aux échanges. Dans un système de marché idéal, leurs décisions ne dépendent pas d'une règle de majorité puisqu'elles sont uniquement fonction de leurs préférences. Toute coopération est volontaire et les décisions collectives sont prises à l'unanimité « sur la base d'une discussion libre et complète » [1].

Lorsque les dirigeants d'entreprise agissent pour des raisons sociales, ils obligent les actionnaires à contribuer « à un but social général » et à se *conformer* à leurs décisions. C'est pour Friedman une manière insidieuse de faire en sorte que l'entreprise poursuive des fins sociales. Elle met en cause le principe d'unanimité et la liberté des individus. Comme le dit Levitt avec force, la liberté et le pluralisme pourraient être compromis parce que l'entreprise finirait par se fondre dans

---

1. Friedman, 1962, *op. cit.*, p. 22-23.

l'État pour constituer « un pouvoir unique, sans opposition et sans contre-pouvoir »[1].

La force du point de vue classique défendu par Friedman

La recherche éclairée du profit

L'argument général de Friedman peut être considéré comme le point de vue classique sur la responsabilité sociale de l'entreprise, qualifié aussi de « théorie de l'actionnaire ». Selon lui, « une entreprise socialement responsable recherche le profit tout en respectant un minimum moral »[2]. Friedman ne précise pas quel est le contenu de cet ensemble minimal de normes. Il parle de règles du jeu, d'absence de tromperie et de fraude, suggérant que les entreprises doivent se conduire avec honnêteté. Il est certes possible de lui objecter qu'elles participent elles-mêmes à l'élaboration de ces règles, ce qui signifie qu'elles peuvent chercher à les façonner à leur avantage. Mais les parties prenantes qui entourent l'entreprise, surtout dans une économie mondialisée, participent aussi à leur définition[3]. Les règles du jeu de Friedman ont des chances d'inclure aujourd'hui l'exigence que l'entreprise les prenne en considération de façon appropriée[4]. Quoi qu'il en soit, toute réfutation

---

1. Levitt, 1958, *op. cit.*

2. N.E. Bowie, « New directions in corporate social responsibility », *Business Horizons*, 34(4), 1991, p. 56-65.

3. Voir J.R. Boatright, « Globalization and the ethics of business », *Business Ethics Quarterly*, 10(1), 2000, p. 1-6.

4. *Cf.* T.J. Rodgers, « Rethinking the social responsibility of business », *Reason*, 37(5), 2005.

de la position de Friedman au motif qu'elle serait amorale ou immorale paraît infondée.

L'une des critiques principales qui lui a été adressée concerne son point de vue moniste en termes de fins. Ses opposants défendent un point de vue pluraliste : l'entreprise vise plusieurs fins et non la seule maximisation de la richesse de l'actionnaire. Plus précisément, elle ne s'intéresse pas seulement à la satisfaction de ses actionnaires, mais à celle de l'ensemble de ses parties prenantes [1].

Il y a là une ambiguïté qui renvoie à la distinction entre fins et moyens. Viser des fins sociales au sens large (réaliser des opérations philanthropiques, ne pas traiter les actionnaires de façon privilégiée) revient à prendre le moyen pour la fin. Friedman l'affirme clairement. On lui fait remarquer que telle entreprise donne la priorité à ses clients, avant ses actionnaires [2]. Leur satisfaction est un but en soi et non un moyen de faire du profit. Il répond que placer les clients à la première place sert les intérêts des actionnaires. Pour Friedman, les énoncés « la responsabilité sociale de l'entreprise est d'accroître ses profits » et une « entreprise éclairée devrait essayer de créer de la valeur pour toutes ses parties prenantes » sont *équivalents*. Et il ajoute, en reformulant l'argument de la main invisible d'Adam Smith, que « la maximisation des

1. Voir T.W. Dunfee, « Corporate governance in a market with morality », *Law and Contemporary Problems*, 62(3), 1999, p. 129-157.

2. C'est le cas célèbre du groupe pharmaceutique Johnson & Johnson. Sa déclaration de valeurs a la forme d'un « credo » (*Our credo values*) qui affirme que sa première responsabilité est à l'égard des médecins, des infirmières, des malades et de tous les utilisateurs de ses produits. Viennent ensuite d'autres parties prenantes. Les actionnaires figurent en dernier sur la liste.

profits est une fin d'un point de vue privé ; c'est un moyen d'un point de vue social » [1].

Clarkson considère que Friedman tire parti à la fois de la confusion entre niveaux d'analyse et de l'ambiguïté de l'adjectif « social » pour défendre sa position, glissant habilement de « social » à « socialisme ». Mais Friedman fait lui aussi ressortir cette confusion en affirmant que les discours « éloquents » des dirigeants d'entreprise sur la responsabilité sociale laissent penser qu'ils poursuivent une pluralité de buts.

Malgré la masse de travaux théoriques et empiriques consacrés à la responsabilité sociale et aux concepts qui lui sont associés, l'argument de Friedman est plutôt résistant aux objections [2]. Il est difficile de contester les idées que, sans profit, une entreprise ne peut contribuer au bien-être social ; qu'il y a un consensus sur le fait que l'entreprise ne poursuit pas des buts philanthropiques ; qu'elle ne peut disposer des ressources suffisantes pour résoudre les questions sociales. La thèse de Friedman s'avère encore plus difficile à attaquer si l'on ajoute sa référence explicite à un minimum moral et au fait que la recherche de la maximisation des profits suppose de prêter attention aux parties prenantes. Enfin, comment distinguer entre « traiter les parties prenantes comme des *moyens* en vue d'une fin » et « les traiter comme des *fins* » ? Dans les discours, cela peut avoir un sens, mais dans les pratiques la frontière semble difficile à établir.

---

1. Friedman, « Rethinking the social responsibility of business », *op. cit.*

2. Pour une revue des arguments pour et contre la responsabilité sociale de l'entreprise dans le contexte où Friedman écrit son article, voir K. Davis, « The case for and against business assumption of social responsabilities », *Academy of Management Journal*, 16(2), 1973, p. 312-322.

Pourtant ces éléments n'ont pas tari le débat relatif au monisme ou au pluralisme des fins[1]. Reprenant la thèse de Friedman, Michael Jensen distingue deux questions : celle de l'unicité du but poursuivi par la firme et celle de la nature de ce but, s'il s'avère unique[2]. Son argument est qu'il est logiquement et pratiquement impossible qu'une organisation poursuive plusieurs buts. Il est nécessaire que ses membres disposent d'un critère compréhensible et stable leur permettant de distinguer ce qu'est la meilleure ligne de conduite dans une situation de choix. La maximisation de la valeur de la firme, équivalente à la richesse des actionnaires, est le seul critère permettant de faire un choix lorsque des intérêts conflictuels, portés par différentes parties prenantes, sont en jeu. C'est de plus un objectif socialement efficace.

La théorie des parties prenantes, souvent mise en opposition avec la théorie de l'actionnaire, ne fournit aucun critère permettant de réaliser ces arbitrages et plus généralement de juger de la meilleure option. Pourquoi, dans ce cas, est-elle si populaire ? Jensen avance trois raisons. Puisqu'ils ne disposent d'aucune norme évaluative, les dirigeants s'en remettent à leurs préférences, donc à leurs intérêts, pour orienter les ressources de leur entreprise vers des actions au bénéfice de parties prenantes non actionnaires. La théorie offre en outre l'opportunité à des groupes d'intérêts de faire valoir leurs revendications et de capter une partie des ressources de

1. Comme l'illustre le propos de cet article de T. Hafsi et F. Youssofzai : « Dirigeants d'entreprises, focaliser sur les actionnaires n'est pas légitime ! », *Revue française de gestion*, 183(3), 2008, p. 111-130.

2. M.C. Jensen, « Value maximization, stakeholder theory, and the corporate objective function », *Business Ethics Quarterly*, 12(2), 2002, p. 235-256.

l'entreprise. Enfin elle exprime des ressorts psychologiques profonds. Ils ont trait à l'attachement des gens aux valeurs de solidarité et d'altruisme qui caractérisent par exemple les relations familiales. En même temps, les gens tendent à ignorer les bienfaits produits par les mécanismes de marché et à croire, à tort, que l'extension des règles des relations privées à la société toute entière aurait de bonnes conséquences.

Jensen propose de rapprocher la théorie des parties prenantes et la recherche de la maximisation de la valeur (*i.e.* des profits). Lorsque les employés et les dirigeants ont à arbitrer entre des intérêts conflictuels, le critère de la maximisation de la valeur doit s'appliquer. Mais les responsables de l'entreprise peuvent apprendre de la théorie des parties prenantes l'importance qu'il y a à se soucier de leurs différents partenaires. La raison d'être du rapprochement est aussi de les détourner de la recherche du profit à court terme. Jensen affirme qu'il est nécessaire de « donner aux employés et aux dirigeants une structure qui les aide à résister à la tentation de maximiser la performance financière à court terme de l'organisation »[1]. La responsabilité sociale est alors plus qu'un « masque », elle fait partie d'une logique permettant d'atteindre l'objectif de faire du profit par un chemin détourné[2].

La justification du devoir fiduciaire des dirigeants

L'un des arguments défendus par Friedman est que la responsabilité sociale d'un dirigeant d'entreprise découle

---

1. *Ibid.*
2. Voir sur ce point J.-P. Dupuy, « Sur la logique du détour », *Revue de philosophie économique*, 2000, 1, p. 7-32.

uniquement de sa qualité d'agent des propriétaires de son entreprise. S'il décide, sans leur accord, de dépenser des fonds pour des causes sociales, non directement liées à l'objectif de maximisation du profit, il dépense leur argent. L'argument repose notamment sur l'idée que le droit de propriété que détiennent les actionnaires rend leurs intérêts prioritaires par rapport à ceux des autres parties prenantes.

Or Donaldson et Preston ont proposé l'idée que la théorie des parties prenantes, et par conséquent les obligations des responsables d'entreprises, peut être fondée sur une théorie des droits de propriété[1]. Leur propos n'est pas de soutenir que les parties prenantes non actionnaires ont effectivement des droits de propriété, mais que leurs intérêts peuvent être justifiés par référence à de tels droits, plus précisément par référence à leurs fondements.

Les auteurs soulignent plusieurs caractéristiques de ces droits : ils sont intimement liés aux droits humains, ne sont pas illimités et leur usage est restreint dès lors qu'ils peuvent causer des torts. Il en résulte selon eux que les droits de propriété que possèdent les actionnaires ne peuvent justifier la thèse que les dirigeants d'entreprises doivent uniquement agir en tant qu'agent de leurs actionnaires.

L'argument de Donaldson et Preston met en cause le lien entre droits de propriété des actionnaires et devoir fiduciaire des dirigeants, qui se trouve au centre de l'argument de Friedman. Mais Friedman insiste sur un autre aspect important. Il s'agit de la promesse faite par le dirigeant de servir les intérêts des actionnaires. Son argument est déontologique : le dirigeant a le devoir d'honorer ses engagements, quelles qu'en

---

1. Donaldson et Preston, 1995, *op. cit.*

soient les conséquences. Hasnas précise sur ce point que si « la société » estimait pouvoir faire un meilleur usage des ressources de l'entreprise, le dirigeant devrait néanmoins respecter sa promesse[1]. Il ajoute qu'il est difficile de soutenir l'argument inverse selon lequel « il n'est pas mauvais [moralement] de dépenser l'argent d'autrui sans son consentement *dès lors que cela promeut l'intérêt général* ». Certes, on peut faire remarquer qu'un État démocratique procède ainsi, puisqu'il dépense le produit des impôts pour le bien commun. Mais l'analogie avec le cas du dirigeant d'entreprise est infondée, comme Friedman le soutient lui-même.

Critiques du point de vue classique

L'entreprise comme agent moral

« Seules des personnes peuvent avoir des responsabilités », affirme Friedman. Les entreprises ont certes une existence légale et une « personnalité morale » en un sens juridique, mais elles ne sont pas des agents moraux. Cette affirmation permet à Friedman de centrer son propos sur les dirigeants d'entreprise, en particulier sur leurs relations avec les actionnaires.

Mais elle reflète également une position substantielle quant à la question de savoir si une entreprise, en tant que collectif, peut être considérée comme un agent moral. Si tel était le cas, il serait possible de lui imputer une responsabilité morale.

Werhane et Freeman ont souligné que ce débat a surtout concerné les chercheurs et que les controverses relatives aux fondements n'empêchent pas, dans les faits, de parler de la

---

1. Hasnas, 1998, *op. cit. Cf.* également Goodpaster, 1991, *op. cit.*

responsabilité morale de la firme [1]. Mais l'enjeu ne se situe pas seulement à ce niveau. Il concerne aussi l'individu qui agit en tant que membre d'une structure collective. Lorsque l'on affirme que telle entreprise est en train de fermer l'un de ses sites de production, il est bien évident que les actions réelles qui sont accomplies, par exemple des licenciements, le sont par des personnes. Mais dans quelle mesure sont-elles responsables de ces actions ? En sont-elles vraiment les auteurs puisqu'elles agissent au nom de leur entreprise ? Ce problème, que Marc Neuberg a appelé « problème de l'identité de l'auteur et du responsable », a été abordé par l'éthique des affaires [2]. Il s'est cristallisé autour de la question de savoir si l'entreprise est un agent moral. Le point de vue généralement admis est intermédiaire entre deux réponses extrêmes.

La première correspond à un individualisme strict : une entreprise est une agrégation d'individus, comme l'affirme Friedman. Dire qu'une organisation « a l'intention de » ou qu'elle « agit » n'a pas de sens. Les traits caractéristiques de l'intentionnalité qui sont imputés à l'entreprise, en particulier dans le langage ordinaire, doivent être analysés au niveau des individus qui, seuls, ont effectivement des intentions et peuvent accomplir des actions [3]. Les membres individuels de l'entreprise sont à la fois auteurs et responsables.

Le second point de vue, holiste, affirme qu'une organisation est une personne morale : elle peut avoir des intentions et

1. P.H. Werhane et R.E. Freeman, « Business ethics : The state of the art », *International Journal of Management Reviews*, 1(1), 1999, p. 1-16.

2. M. Neuberg, *La responsabilité : questions philosophiques*, Paris, PUF, 1997, p. 261.

3. *Cf.* Ladd, *op. cit.* ; M. Keeley, « Organizations as non-persons », *Journal of Value Inquiry*, 15, 1981, p. 149-155.

agir comme un individu. Elle est donc responsable de ses actes.
Peter French a défendu une position de ce genre[1]. L'entreprise
est une personne morale car elle peut réaliser des actions inten-
tionnelles. L'équivalent organisationnel de l'intention individuelle se trouve dans des dispositifs formels, des structures de
décision auxquelles les actions de l'entreprise peuvent être
rattachées. Comme le signale Neuberg, l'intention de l'organisation diffère de celles de ses membres car elle « possède une
politique définissant ses intérêts, ses buts, sa stratégie générale, etc., politique dont découlent des raisons d'agir propres
au collectif et indépendantes des intérêts personnels de ses
gestionnaires »[2].

Mais la solution généralement acceptée s'inspire des
positions de Donaldson et Goodpaster. Ces deux auteurs considèrent qu'une entreprise est plus que la somme des individus
qui participent à ses activités. Donaldson considère qu'elle
n'est certes pas une *personne* morale, mais qu'elle est un *agent*
moral dans la mesure où elle peut inclure des raisons morales
dans ses processus décisionnels et où elle peut contrôler ses
actions grâce à son système de procédures internes[3]. Le fait
qu'une entreprise puisse se donner des buts moraux et agir
d'après des raisons morales lui permet d'être moralement
responsable. De son côté, Goodpaster défend un principe de
projection morale selon lequel il est possible et souhaitable
d'attendre des entreprises en tant que collectifs ce que nous
attendons habituellement de personnes individuelles. Ce

1. P.A. French, « The corporation as a moral person », *American
Philosophical Quarterly*, 16, 1979, p. 207-215.

2. *Op. cit.*, p. 264.

3. T. Donaldson, *Corporations and Morality*, Englewood Cliffs (NJ),
Prentice Hall, 1982, chap. 2.

principe repose sur une analogie entre l'entreprise et les individus : la responsabilité de l'entreprise peut être conçue comme le résultat de la « projection morale du concept de responsabilité dans son sens ordinaire (individuel) » [1].

Werhane rejette les points de vue de Donaldson et Goodpaster [2]. Selon elle, une entreprise n'est pas un agent moral car sa finalité, en tant qu'institution économique, est de réaliser des « buts matériels » qui lui sont externes, comme la satisfaction des clients et la maximisation des profits. Une entreprise est structurée de façon à assurer la réalisation optimale de ses buts. Ainsi les relations qu'elle entretient avec ses membres sont impersonnelles : ceux-ci agissent comme de simples « opérateurs » en vue de la réalisation de buts qui ne sont pas les leurs. En bref, l'entreprise est une « organisation formelle », ce qui signifie qu'elle n'est pas structurée « pour agir comme le ferait un agent moral ». Bien sûr, l'entreprise ainsi conçue peut inscrire parmi ses buts des fins morales et répondre aux attentes de la société, mais cela ne change rien car être responsable socialement ne confère pas le statut d'agent moral.

A ce stade, cette position semble compatible avec celle de Friedman. Mais Werhane relève une incohérence conceptuelle dans sa position. On l'a vu, Friedman affirme l'importance de la liberté économique. Il sépare les domaines économique et politique : une entreprise doit s'en tenir à la recherche du profit, les actions sociales relevant de la sphère politique.

1. K.E. Goodpaster, « The concept of corporate responsibility », *Journal of Business Ethics*, 2, 1983, p. 1-22.

2. P.H. Werhane, « Formal organizations, economic freedom and moral agency », *Journal of Value Inquiry*, 14, 1980, p. 43-50.

Mais Werhane a essayé de montrer que des buts relevant de la responsabilité sociale pouvaient être visés par l'entreprise sans que cela soit incompatible avec la recherche du profit. D'autre part elle estime qu'accorder la primauté à la liberté économique exige que l'entreprise soit considérée comme un agent moral. Car elle ne peut jouir de la liberté économique et agir en tant qu'organisation « libre et autonome » sans être un agent moral.

La légitimité des dirigeants en matière de responsabilité sociale

A la question « Que veut-on dire lorsqu'on affirme que le dirigeant d'entreprise a une "responsabilité sociale" en sa qualité d'homme d'affaires ? », Friedman répond que « si cette assertion n'est pas pure rhétorique, elle doit signifier qu'il doit agir d'une manière qui n'est pas dans l'intérêt de ses employeurs ».

Cette affirmation est intrigante. Thomas Mulligan demande pourquoi le dirigeant *devrait* agir de la sorte [1]. Car les actions en matière de responsabilité sociale ne résultent pas de décisions prises par une personne isolée placée à la tête d'une organisation. Elles résultent d'un plan d'action. Et son élaboration suppose plusieurs étapes : la définition de la mission de l'entreprise, d'objectifs, d'une stratégie, de procédures. Différents acteurs y participent. Par conséquent si un dirigeant *doit* accomplir une action relevant de la responsabilité sociale, c'est certainement parce que la mission de l'entreprise, « qui a

---

1. T. Mulligan, « A critique of Milton Friedman's essay "The social responsibility of business is to increase its profits" », *Journal of Business Ethics*, 5(4), 1986, p. 265-269.

été élaborée avec la collaboration des parties prenantes les plus importantes, l'a autorisé à la mettre en œuvre ». L'argument de Friedman est ainsi faussé dès le départ par une conception erronée des processus de décision de l'entreprise.

Friedman considère que l'entreprise est une institution économique qui n'a pas été créée par la société. Autrement dit, elle n'est pas une institution sociale. Richard Klonoski a fait une revue des thèses relatives à la question de savoir si précisément l'entreprise est une institution sociale [1]. Si tel est le cas, elle est alors supposée avoir des responsabilités sociales qui ne se limitent pas à la maximisation du profit.

Les réponses diffèrent sur la manière de relier l'entreprise à la société. Il est possible de considérer que la firme est tenue de respecter les clauses d'un « contrat social ». Celui-ci formaliserait les attentes de la société à son égard. Aux critiques qui remarquent qu'un tel contrat n'existe pas ou qu'il est trop vague pour produire des effets, il est possible de répondre qu'il doit plutôt être conçu comme un outil heuristique qui recommande aux entreprises « d'agir comme si les membres de la société s'étaient mis d'accord pour définir [leurs] droits et obligations » [2].

Les responsabilités sociales de l'entreprise peuvent aussi être dérivées des raisons pour lesquelles elle a été créée. Si l'on considère que l'entreprise a été créée par la société, il paraît légitime qu'elle soit tenue, en contrepartie, de répondre à ses attentes à son égard. L'exigence que l'entreprise se comporte

1. R.J. Klonoski, « Foundational considerations in the corporate social responsibility debate », *Business Horizons*, 34(4), 1991, p. 9-18.

2. T. Donaldson, « Fact, fiction and the social contract : A reply to Kultgen », *Business and Professional Ethics Journal*, 5(1), 1985, p. 40-46. Cité par Klonoski.

comme un citoyen ayant « conscience » de ses droits, de ses devoirs et de l'intérêt général traduit la même idée[1]. Cela implique au passage que, contrairement au vœu de Friedman, elle est *aussi* une institution publique et pas seulement privée.

Mais d'autres arguments ont été proposés pour justifier les obligations sociales de l'entreprise. Ils ont trait en particulier au pouvoir qu'elle exerce dans la sphère sociale et aux nombreux effets de ses activités. Ainsi Donna Wood formule un principe de légitimité selon lequel une entreprise, en tant qu'institution, ne doit pas abuser de son pouvoir[2].

Un autre argument invoque l'obligation de réciprocité qui serait due par l'entreprise en contrepartie des privilèges qui lui sont octroyés par la société. Elle n'est pas interprétée comme une sorte de règle « donnant-donnant », plutôt comme un devoir de gratitude que l'entreprise aurait envers la société. Bowie défend l'idée d'un tel devoir, qu'il juge proche du devoir de se conduire en citoyen. Sa source vient de ce que la société met à la disposition des entreprises une grande variété de moyens (subventions directes, infrastructures, système éducatif, etc.) afin de lui permettre d'exercer ses activités. Il est vrai qu'elles acquittent des impôts, mais pour Bowie ceci ne suffit pas à compenser les avantages dont elles bénéficient[3].

1. Pour un débat récent sur la question de la citoyenneté de l'entreprise, voir *Business Ethics Quarterly*, 18(1), 2008.

2. D.J. Wood, « Corporate social performance revisited », *Academy of Management Review*, 16(4), 1991, p. 691-718.

3. Bowie, 1999, *op. cit.*, p. 94-95. Au plan théorique, Bowie rapproche ce devoir de gratitude du devoir de bienfaisance kantien : *cf.* E. Kant, *Doctrine de la vertu*, trad. fr. A. Philonenko, Paris, Vrin, 1985, p. 65. Le fait que l'entreprise soit un intendant (*steward*) chargé de gérer les ressources dont la société lui permet l'usage fait aussi partie de ces arguments. Friedman soutenait que le dirigeant d'entreprise est un *agent* des actionnaires, mais il n'évoquait pas

Les propos d'Adolf Berle éclairent l'importance de ces devoirs de l'entreprise envers la société. Il soutenait que les grandes entreprises sont tenues de respecter « un seul contrat social tacite » qui leur confère des privilèges et des responsabilités. Prenant l'exemple du rôle que les entreprises devraient jouer pour maintenir les prix à un niveau raisonnable (un sujet important au cours des années 50 et au début des années 60, que Friedman évoque dans son article de 1970), Berle formulait cet avertissement :

> Bien sûr, les entreprises doivent faire des profits – sinon elles seraient hors course. Mais leur profit doit avoir la nature d'une compensation équitable au titre du travail qu'elles réalisent, et non d'une prime provenant de l'exploitation du consommateur. [...] Chaque chef d'entreprise sait quand il obtient un prix décent ou équitable [...]. Lui et ses collègues devraient comprendre que tôt ou tard l'intervention légitime de l'État sera la contrepartie de l'abus du pouvoir sur les prix, et qu'elle signifiera très vraisemblablement leur propre sortie de la scène[1].

---

l'idée qu'il puisse être un *intendant*. Le principe du *stewardship* est, avec le principe de charité, à la base de la conception classique de la responsabilité sociale de l'entreprise telle que l'industriel américain Andrew Carnegie la définit dans un ouvrage publié en 1899. Ce principe a des origines religieuses (voir le *Nouveau Testament*, Luc, 16, 1-2). *Cf.* R.E. Freeman et P.H. Werhane, « Corporate responsibility », dans R.G. Frey et C.H. Wellman (eds.), *A Companion to Applied Ethics*, Oxford UK, Blackwell Publishing, 2005, p. 552-569.

1. A.A. Berle, « A new look at management responsibility », *Management of Personnel Quarterly*, 1(3), 1962, p. 2-5.

TEXTE 2

Edward Freeman, Kirsten Martin, Bidhan Parmar
Le capitalisme des parties prenantes[*]

Nous souhaitons proposer une nouvelle vision du capitalisme – le capitalisme des parties prenantes – fondé sur des perspectives libertariennes et pragmatistes. Le capitalisme des parties prenantes n'est pas uniquement fondé sur la propriété privée, l'intérêt personnel, la compétition et la liberté des marchés – une telle façon de concevoir le capitalisme exige une justification permanente basée sur ses bonnes conséquences ou sur le fait qu'il permet de se prémunir contre des alternatives autoritaires. Nous soutenons qu'il n'est pas nécessaire de justifier les systèmes capitalistes en se basant sur les conséquences ou sur les alternatives, car les principes du capitalisme sont des buts louables en eux-mêmes. Le capitalisme des parties prenantes est plutôt « fondé sur la liberté, les droits et la création volontaire d'obligations positives ».

[*] R.E. Freeman, K. Martin et B. Parmar, « Stakeholder capitalism », *Journal of Business Ethics*, 74, p. 303-314, trad. fr. A. Anquetil.

Premièrement, les personnes ont la liberté de faire ce qu'elles veulent, y compris de conclure des accords volontaires susceptibles de se maintenir dans le temps. Plutôt que de s'intéresser aux individus en compétition pour des ressources limitées comme dans les narrations traditionnelles du capitalisme, le capitalisme des parties prenantes s'intéresse aux individus qui travaillent ensemble sur une base volontaire afin de créer des relations durables en vue de la création de valeur.

Deuxièmement, ces accords prévoient que les individus ont des droits qui les protègent. La narration du capitalisme n'est pas à première vue dominée par les droits d'un seul groupe. Chaque partie prenante devrait plutôt être protégée par les accords volontaires auxquels elle a participé. Finalement, ces individus peuvent décider de coopérer et de s'obliger eux-mêmes envers les autres grâce à ces accords volontaires. Les obligations en question peuvent prendre la forme de contrats écrits formels ou de contrats sociaux mentionnant les responsabilités assumées par chacun. Les relations sont durables quand ces obligations sont respectées et ces responsabilités assumées.

Nous proposons six principes qui, pris ensemble, forment un cadre de travail pour la création de valeur et la promotion du commerce – un cadre qui prend en compte l'éthique, respecte la complexité des êtres humains, encourage l'innovation et peut nous aider à dépasser les problèmes esquissés précédemment.

Principes du capitalisme des parties prenantes

1. *Le principe de la coopération avec les parties prenantes*. «La valeur peut être créée, échangée et maintenue parce que les parties prenantes peuvent conjointement satisfaire leurs besoins et leurs désirs en concluant des accords

volontaires les unes avec les autres, accords qui pour la plupart sont respectés ».

Plutôt que de partir de l'hypothèse que nous sommes avant tout égoïstes et que nous recherchons la maximisation de notre intérêt personnel, ce principe met en évidence la nature sociale de la création de valeur. La valeur, en fait toute valeur, est un phénomène social. Nous devons créer de la valeur dans un contexte et avec l'aide de personnes qui accordent de l'importance à ce que nous créons. Ce principe reconnaît que l'activité industrielle et commerciale est explicitement sociale, et il utilise cette reconnaissance pour améliorer le processus de création de valeur.

2. *Le principe de l'engagement des parties prenantes.* « Pour créer, échanger et maintenir la valeur avec succès, une entreprise doit favoriser l'engagement de ses parties prenantes. Presque chaque transaction implique des clients, des fournisseurs, des collectivités, des employés et des financiers. D'autres parties prenantes, telles que les médias, des représentants de la société civile, des ONG, etc., sont souvent affectées par la création de valeur ou peuvent l'affecter ».

Plutôt que d'énoncer quels sont les droits qui l'emportent, ce principe reconnaît qu'un large ensemble de parties prenantes est nécessaire pour maintenir dans le temps la création de valeur. Les besoins de multiples parties prenantes doivent être satisfaits aussi souvent que possible. Il peut y avoir des situations spécifiques dans lesquelles privilégier les droits d'un groupe peut profiter aux autres groupes dans le long terme, mais ce n'est pas évident à première vue et doit être tranché par les parties concernées.

3. *Le principe de la responsabilité des parties prenantes.* « La valeur peut être créée, échangée et maintenue parce que les parties à un accord sont disposées à accepter la respon-

sabilité des conséquences de leurs actions. Lorsque des tiers subissent un tort, ils doivent être dédommagés, ou bien un nouvel accord doit être négocié avec toutes les parties concernées ».

Ce principe rejette le point de vue selon lequel la vie des affaires est amorale ou même immorale. Si la vie des affaires est un processus social, alors la moralité y occupe une place centrale. Les scandales et les comportements égoïstes constituent une rupture de la confiance et de la transparence qui sont toutes deux nécessaires pour assurer la prospérité économique. Si, plutôt que d'attendre une intervention du gouvernement, les responsables d'entreprises anticipent les conséquences de leurs actions sur autrui, cela les aidera à construire la confiance et la loyauté des parties prenantes qui contribueront à leur tour à la création d'une activité économique plus durable.

4. *Le principe de complexité.* « La valeur peut être créée, échangée et maintenue parce que les êtres humains sont des créatures psychologiques complexes capables d'agir en fonction de différentes valeurs et de différents points de vue. Les individus sont situés socialement et leurs valeurs sont reliées à leur contexte social ».

Ce principe rejette le point de vue stéréotypé sur la nature humaine qui se trouve au cœur des narrations actuelles relatives au capitalisme. Les gens sont complexes, ils agissent pour de multiples raisons. Leurs actions leur profitent et profitent aux autres – un fait que les gens prennent habituellement en compte. Il est également important de remarquer que, puisque nous sommes complexes, nous sommes capables de différencier les conséquences de nos actions selon les personnes qu'elles affectent. Le fait que nous nous préoccupions plus des conséquences de nos actions qui affectent ceux qui nous sont proches que de celles qui affectent les autres est un trait de la nature humaine. C'est une raison supplémentaire qui explique pourquoi le *Principe de la responsabilité des parties prenantes* est important. Il contribue à contrebalancer notre tendance naturelle à faire des distinctions et nous rappelle qu'en dépit du fait que nous sommes des êtres différents et séparés, nous pouvons produire des effets très importants qui nous concernent tous. D'après ces principes, le capitalisme devient « l'ensemble des associations volontaires de personnes libres, responsables, coopératives, consentantes et complexes », et il n'inclut, parmi ses hypothèses fondamentales, ni la compétition, ni l'intérêt personnel [1].

5. *Le principe de la création permanente.* « L'entreprise en tant qu'institution est une source de création de valeur. Coopérant avec les parties prenantes et motivés par les valeurs, les gens qui travaillent dans les entreprises créent en permanence de nouvelles sources de valeurs ».

L'intérêt personnel n'est pas la seule source d'innovation ou de progrès. Travailler avec les autres et pour les autres peut être une motivation plus forte pour accélérer la marche du progrès.

6. *Le principe de la concurrence émergente.* « La concurrence émerge d'une société relativement libre dans laquelle les parties prenantes disposent d'options de choix. La concurrence est une propriété émergente plutôt qu'une hypothèse nécessaire du capitalisme ».

Ce principe éclaire également les différentes façons dont notre hypothèse de concurrence peut affecter nos compor-

---

1. [N.d.T.] Le texte comprend l'adjectif « fair » et non « free », mais il s'agit à l'évidence d'une faute typographique. Je reprends la version figurant dans un article antérieur où cette définition avait déjà été formulée.

tements. Toute interaction n'est pas un jeu à somme nulle, et toute interaction n'a pas une solution « gagnant-gagnant ». Nous devrions faire de notre mieux pour rechercher la solution « gagnant-gagnant » plutôt que de nous rabattre sur des solutions sous-optimales.

Enfin, ces principes et la perspective du capitalisme des parties prenantes ne prétendent pas être une panacée. Il existera toujours une petite minorité dont l'intérêt personnel sera l'unique priorité. Notre thèse est que nous devrions placer la barre du capitalisme le plus haut possible, plutôt que de limiter sa hauteur en essayant seulement d'éviter le pire. Parler du capitalisme en ces termes peut favoriser des comportements allant dans ce sens. Ceux qui choisissent d'exploiter la confiance de leurs parties prenantes pour leur intérêt égoïste le font à leur propre péril. Nous n'affirmons pas qu'en adoptant ces principes nous éliminerons tout conflit du capitalisme et que dès lors tout deviendra facile. Par certains côtés, s'occuper explicitement des parties prenantes est plus difficile que de les ignorer. Les participants à la création de valeur devront être peu susceptibles, patients et à l'aise dans les situations de conflit et de changement. Ces choses ne sont pas simples. Mais créer de la valeur les rend nécessaires, car elles fournissent l'opportunité d'un véritable *leadership*.

COMMENTAIRE

Dans ce petit manifeste, les auteurs énoncent six principes susceptibles de fonder un « capitalisme des parties prenantes ». Leur ambition s'inscrit dans la continuité des travaux de Freeman, l'une de ses premières réflexions sur ce sujet datant de 1996[1].

Freeman avait déjà formulé des principes, ceux de sa « doctrine des contrats équitables », que devraient suivre les entreprises pour respecter l'approche des parties prenantes[2]. Élaborés sous un voile d'ignorance, ces principes prétendent figurer dans une « constitution » définissant les règles du jeu de la vie des affaires. Ils doivent refléter les valeurs libérales d'équité, d'autonomie et de solidarité promues par Rawls.

---

1. R.E. Freeman, « Understanding stakeholder capitalism », *Financial Times*, 19 juillet 1996 ; repris sous le titre « The possibility of stakeholder capitalism », dans L. Zsolnai et W.W. Gasparski (eds.), *Ethics and the future of capitalism*, New Brunswick, Transaction Publishers, 2002, p. 111-116. Pour une revue et une mise en perspective des thèses de Freeman, voir B. Lengaigne, « Les usages contemporains de la notion de "partie prenante" : entre contrat, risque et responsabilité », *Actes du 5ᵉ Congrès de l'ADERSE*, Grenoble, janvier 2008.

2. Freeman, 1994, *op. cit.*

L'équité recouvre non seulement l'égalité entre les parties prenantes, mais aussi le fait de ne pas autoriser d'inégalité à moins qu'il n'en résulte une meilleure situation pour les parties prenantes les plus mal loties; l'autonomie concerne le droit de prendre part à des contrats, de les renégocier et d'en sortir; la solidarité signifie qu'il existe une interdépendance des intérêts, voire un intérêt collectif, qui doit être reconnue par la firme et ses parties prenantes. L'un des principes, dit de « gouvernance », affirme que celles-ci doivent approuver à l'unanimité tout changement des règles du jeu de la vie des affaires, ce qui revient à leur conférer un droit de participation à la gouvernance de l'entreprise.

Un tel effort de redescription, selon le mot de Freeman, allait au-delà du fonctionnement des entreprises. Il présageait la formulation d'autres principes visant cette fois à définir un nouveau capitalisme.

Avant d'énoncer ces principes, Freeman, Martin et Parmar passent en revue cinq conceptions du capitalisme. Leur objectif est de montrer qu'elles imprègnent les discours et les manières de penser la vie des affaires.

Les auteurs qualifient ces conceptions de *narrations* parce qu'elles représentent la façon dont le fonctionnement du capitalisme est perçu et raconté d'un certain point de vue, et parce qu'elles véhiculent, par le truchement du langage, des ensembles spécifiques de concepts. Pour la perspective marxiste, par exemple, le point de vue est celui de l'ouvrier. Sa narration du capitalisme recourt entre autres aux concepts d'aliénation, d'exploitation et de lutte des classes. Pour la perspective libérale défendue par Friedman, seul compte le point de vue de l'actionnaire. Sa narration recourt au vocabulaire de l'économie, et celui de la morale n'y joue qu'un rôle secondaire. L'État, le dirigeant d'entreprise et l'entrepreneur sont les acteurs des trois autres narrations du capitalisme.

Les graves déficiences qui sont aujourd'hui imputées au système capitaliste, comme le creusement des inégalités sociales et la dégradation de l'environnement, proviennent des hypothèses sur lesquelles repose la vision du capitalisme qui est aujourd'hui la plus répandue : une conception étroite de l'individu, qui serait mû par son seul intérêt égoïste ; la séparation de la morale et de la vie des affaires (ce qui revient à la « thèse de la séparation » développée dans la première partie) ; enfin la compétition pour des ressources limitées.

Ces considérations permettent de comprendre les motivations qui sont à l'origine de la proposition d'un nouveau capitalisme. Elle a été conçue pour échapper à ces trois hypothèses, sans sortir pour autant du cadre de l'économie libérale. L'idée de responsabilité sociale de l'entreprise, par exemple, ne parvient pas à s'en affranchir. En effet, elle vise au bout du compte à restaurer la légitimité sociale de l'entreprise ; mais précisément une telle démarche ne remet pas en cause les hypothèses d'égoïsme, de séparation et de compétition. Une vision du capitalisme fondée sur une intégration de l'entreprise et de la société doit faire en sorte que la question de la légitimité ne se pose même plus [1]. C'est en ce sens que les auteurs précisent au commencement de leur manifeste qu'il est fondé sur des « perspectives libertariennes et pragmatistes ».

---

1. *Cf.* sur ce point R.E. Freeman et D.R. Gilbert, « Business, ethics and society : A critical agenda », *Business and Society*, 31(1), 1992, p. 9-17.

Fondements théoriques du capitalisme des parties prenantes

Justifications libertariennes et pragmatistes

Qu'apportent ces deux perspectives théoriques à leur démonstration? La thèse des auteurs est que le libertarisme, du moins les éléments communs à ses différentes versions, est capable d'apporter au capitalisme de nouvelles hypothèses fondatrices. Freeman et Phillips ont cherché à montrer qu'elles se situaient déjà en arrière-plan des différents types de théories des parties prenantes[1]. Pour cela ils ont retenu cinq thèses essentielles qui permettent de qualifier un argument de « libertarien » : la primauté de la liberté individuelle et le principe d'égale liberté pour tous; le droit de ne pas subir d'ingérence, par exemple dans l'exercice de ses droits de propriété; la création d'obligations positives qui naissent en particulier des accords auxquels les participants ont librement consenti; un rôle minimal dévolu à l'État, qui a pour fonction première de protéger la liberté des personnes; et un principe de responsabilité individuelle, qui se trouve exprimé dans la « thèse de la responsabilité » énoncée par Freeman (*cf.* la première partie). Ces thèses ont inspiré directement cinq principes d'un « capitalisme des parties prenantes libertarien » qui figurent sans modification dans le petit manifeste de Freeman, Martin et Parmar.

Ces auteurs font également appel à la perspective pragmatiste – plus précisément au « nouveau pragmatisme »

---

1. R.E. Freeman et R.A. Phillips, « Stakeholder theory : A libertarian defense », *Business Ethics Quarterly*, 12(3), 2002, p. 331-349.

tel qu'il est formulé par Richard Rorty[1]. Plusieurs de ses dimensions sont spécifiquement invoquées : la maxime du pragmatisme, selon laquelle le sens d'un concept ou de toute construction abstraite dépend de son effet pratique[2] ; l'impossibilité de séparer le langage de la réalité : les faits peuvent recevoir différentes descriptions, celles-ci s'organisant en narrations qui façonnent nos manières de percevoir le monde ; enfin le lien entre la création de soi et le développement de toute communauté humaine.

Liberté, responsabilité, autorégulation

Schématiquement, les justifications libertariennes et pragmatistes du capitalisme des parties prenantes remplissent deux fonctions. Les premières affirment que si les agents économiques peuvent exercer leur liberté et corrélativement assumer pleinement leur responsabilité, alors la vie des affaires peut recevoir une nouvelle description, qui correspond justement à celle qui serait générée par les six principes. Elle aurait alors une conséquence que les auteurs signalent dès le début de leur manifeste : celle d'éviter de justifier le capitalisme par ses « bonnes conséquences » (c'est-à-dire par son efficacité dans la production de richesses et sa capacité à assurer la prospérité

1. Voir A.E. Freeman et R.A. Phillips, « Business ethics : pragmatism and postmodernism », dans Frederick (ed.), *op. cit.*, p. 128-138 ; A.C. Wicks et R.E. Freeman, « Organization studies and the new pragmatism : Positivism, anti-positivism, and the search for ethics », *Organization Science*, 9(2), 1998, p. 123-140.

2. Par exemple : « [...] Pour développer la signification d'une pensée, il nous faut seulement déterminer la conduite qu'elle est apte à produire ; cette conduite est pour nous sa seule signification et sa seule importance » (W. James, cité par R.A. Putnam, « Pragmatisme », dans M. Canto-Sperber (éd.), *Dictionnaire d'éthique et de philosophie morale*, Paris, PUF, 1996, p. 1180).

économique) ou par le fait qu'il offre une garantie contre des
«alternatives autoritaires» (c'est-à-dire un système tyran-
nique qui naîtrait du genre de centralisation des pouvoirs
stigmatisé par Friedman).

Les secondes justifications, pragmatistes, visent à renforcer la force de ces principes et par conséquent l'argument dans
son ensemble – ce qui suppose qu'ils respectent la maxime
pragmatiste, c'est-à-dire qu'ils puissent produire des résultats
pratiques. Il est à noter que leur formulation n'est pas spécialement normative (ils ne comprennent que deux occurrences
du verbe «devoir») : ils décrivent un état de choses, comme
dans une narration. Mais cet état de choses est structuré par une
fin unique : « créer de la valeur ». La « création de valeur » doit
être ici comprise au sens large de création de richesse pour la
communauté formée par l'entreprise et l'ensemble de ses
parties prenantes.

Les six principes peuvent être divisés en deux catégories.
Les quatre premiers renvoient directement aux thèses libertariennes : ils énoncent les conditions qui permettent de « créer
de la valeur », mais aussi de l'« échanger » et de la « maintenir ».

Le premier principe porte sur la liberté. Il signale
l'importance des accords ou schémas de coopération volontaires en vue de la satisfaction des besoins humains. Dans une
société démocratique autorisant un marché libre, l'ensemble
de ces accords *constitue* une grande partie de la société.

Le second et le troisième concernent la responsabilité, qui
est concomitante de l'exercice de la liberté. Le principe de
l'engagement insiste sur l'équité dans la satisfaction des droits
des parties prenantes de l'entreprise. Celle-ci a une responsabilité particulière à cet égard, car le respect d'un principe

d'équité est une condition nécessaire pour qu'elle puisse s'engager elle-même, et engager ses parties prenantes, dans des accords de coopération.

Le troisième principe reprend la structure de la thèse de la responsabilité que Freeman avait mise en regard de sa thèse de la séparation. La responsabilité en question ici est celle qui naît après la conclusion d'un accord volontaire. Elle concerne toutes les parties concernées. Aucune n'assume plus de responsabilité que les autres car « dans le monde d'aujourd'hui les firmes ne sont pas les seules à assumer une responsabilité » [1].

Ce principe est étroitement lié à la thèse libertarienne de l'État minimal. Il peut être exprimé dans les termes des débats qui ont eu lieu autour de la thèse de la séparation : si la narration actuelle du capitalisme entérine la scission entre deux ordres de discours, celui de la vie des affaires et celui de la morale, c'est parce que l'importance de la responsabilité a été dévaluée. Le pouvoir dont jouissent les États démocratiques en est une cause, mais les acteurs de la vie des affaires en sont aussi responsables. C'est pourquoi, dans le commentaire de ce principe, les auteurs leur demandent de ne pas « attendre une intervention du gouvernement ». Car comme le disaient Freeman et Phillips, « l'échec de la notion de responsabilité à trouver une place dans la manière dont nous comprenons la vie des affaires est peut-être la raison pour laquelle l'État et les tribunaux jouent un rôle important dans la régulation de l'économie actuelle » [2]. Le capitalisme des parties prenantes est susceptible d'assurer une autorégulation de la vie économi-

---

1. Freeman et Phillips, 2002, *op. cit.*
2. *Ibid.*

que. Et ceci suppose une participation des parties prenantes internes et externes au fonctionnement de l'entreprise [1].

L'idée que les acteurs de la vie des affaires agissent pour des motifs exclusivement égoïstes explique également la dévaluation de la notion de responsabilité dans la narration dominante du capitalisme. Cette critique n'est évidemment pas nouvelle. Elle s'étend aux hypothèses de rationalité économique étroite bien connues (celles de l'*homo œconomicus*) que Freeman voit à l'œuvre dans certaines des théories enseignées par les écoles de gestion, comme la théorie de l'agence [2]. Le capitalisme des parties prenantes repose au contraire sur une conception riche de la nature humaine, que le quatrième principe vise à rappeler. Prendre en compte le fait que l'être humain est complexe, qu'il est attaché à une grande variété de valeurs, qu'il peut être tantôt altruiste, tantôt égoïste, a deux conséquences : d'une part, il y a de multiples manières de « créer de la valeur » ; d'autre part, une tâche essentielle des dirigeants d'entreprises est de résoudre les questions qui naissent de la pluralité des valeurs des membres de leur organisation.

Ces quatre principes conduisent les auteurs à définir le capitalisme sans faire référence ni à l'intérêt personnel, ni à la compétition : il est « l'ensemble des associations volontaires de personnes libres, responsables, coopératives, consentantes et complexes ». Cette définition est centrée sur la coopération et sur l'échange, c'est-à-dire sur le lieu où s'expriment les volontés individuelles de coopération en vue d'un bénéfice

---

1. Sur cet aspect, voir J.S. Harrison et R.E. Freeman, « Is organizational democracy worth the effort? », *Academy of Management Executive*, 18(3), 2004, p. 49-53.

2. *Cf.* Agle *et alii*, 2008, *op. cit.*

mutuel – par contraste avec une définition plus générale fondée par exemple sur la séparation entre capital et travail.

Les deux derniers principes ont été qualifiés de « subsidiaires » par Freeman et Phillips car leur rôle se comprend plutôt en termes narratifs. Leur fonction est en effet de « corriger les impressions erronées » qui sont produites par la vision la plus ordinaire du capitalisme. Aussi le cinquième principe vise-t-il à contrebalancer l'importance des motivations égoïstes qui sont attribuées aux agents économiques. Si les personnes coopèrent sur une base volontaire, c'est parce qu'elles veulent *créer* quelque chose. La volonté de créer suppose la liberté. Ce principe fait ainsi écho à la raison, que Friedman avait qualifiée de « constructive », pour laquelle la liberté individuelle doit être préservée. Elle doit être préservée parce que c'est elle, et non l'État, qui conditionne l'expression du génie créateur de l'être humain[1]. Le sixième principe, quant à lui, soutient que la compétition émerge d'un état social dans lequel les personnes possèdent effectivement cette liberté de choix.

La dernière phrase, qui parle de « leadership », a aussi une visée rhétorique : elle s'adresse aux intellectuels et aux dirigeants d'entreprises pour les convaincre de l'importance de la nouvelle narration du capitalisme proposée dans le manifeste.

La question de la normativité

La normativité des principes du capitalisme des parties prenantes

Par définition, et en dépit de leur allure descriptive, les principes du capitalisme des parties prenantes devraient être

---

1. Friedman, 1962, *op. cit.*, p. 3.

normatifs – la normativité désignant la manière dont ces principes doivent être pris en compte et appliqués par les entreprises et par leurs membres. C'est en ces termes que Freeman a défini le « noyau normatif » d'une théorie comme celle des parties prenantes. Selon lui, un noyau normatif doit être capable de répondre à deux questions : comment l'entreprise devrait-elle être gouvernée ? Comment les responsables d'entreprises devraient-ils agir ? Sa doctrine des contrats équitables satisfait cette condition : à la première question, elle répond que l'entreprise doit être gouvernée selon les principes de cette doctrine (dont le principe de « gouvernance » mentionné précédemment), à la seconde que ses responsables devraient agir dans l'intérêt des parties prenantes [1]. Mais répondre à ces questions ne suffit pas à construire une théorie des parties prenantes. Il convient d'y ajouter une conception, qui est fondamentalement de nature politique, de ce qu'est la « création de valeur ». Ainsi, pour Freeman (et pour les autres auteurs du manifeste), la création de valeur est un « processus contractuel entre les parties affectées » par l'activité de l'entreprise [2]. Elle repose sur les valeurs de liberté et de responsabilité. Il en résulte que la théorie des parties prenantes est « un genre d'histoire sur la manière dont nous pourrions vivre », et que chacune de ses variations débouche sur la narration d'un certain type de capitalisme.

Rogene Buchholz et Sandra Rosenthal ont contesté l'idée que le capitalisme des parties prenantes possède un caractère normatif [3]. La question qui les intéresse est celle de l'auto-

---

1. Freeman, 1994, *op. cit.*

2. *Ibid.*

3. Buchholz et Rosenthal, 2004, *op. cit.* Ils se fondent sur une version du capitalisme des parties prenantes prônée par Freeman qui, bien qu'antérieure à celle du manifeste de 2007, en demeure très proche.

régulation évoquée à la section précédente : « un capitalisme des parties prenantes est-il une option viable susceptible de remplacer le gouvernement, jusqu'à fournir un cadre légal et régulateur au sein duquel le capitalisme pourrait fonctionner ? ». Leur réponse est négative. Ils insistent particulièrement sur le pouvoir que la théorie des parties prenantes conférerait aux responsables d'entreprise du fait de l'absence de critères permettant d'équilibrer leurs intérêts (*cf.* la troisième partie de l'étude). Ainsi ces responsables seraient libres de faire des arbitrages en cas de conflits d'intérêts, au surplus sans avoir rendre à rendre de comptes. Or, un tel pouvoir discrétionnaire serait contraire aux valeurs de liberté et de responsabilité qui fondent le capitalisme des parties prenantes. Seule leur bonne volonté serait susceptible de le limiter. En outre, la représentation des parties prenantes dans les « structures de gouvernance » de l'entreprise donnerait lieu à des jeux de pouvoir et à des manœuvres comparables à certaines pratiques politiques.

Friedman soulignait le danger que représente, pour les libertés individuelles, un État trop puissant. Il était aisé de lui répondre qu'un pouvoir politique fort peut protéger la liberté contre les possibles abus de pouvoir d'institutions privées. Buchholz et Rosenthal soulignent de la même façon que si des fonctions telles que le contrôle de la sécurité des médicaments ne sont pas confiées à des organisations professionnelles privées, c'est parce que le public n'a pas confiance en des institutions qui ne représentent pas le point de vue de la société.

Il y a bien sûr des cas où une coordination volontaire, passant par des organisations professionnelles, semble produire des résultats sociaux positifs. Donaldson cite l'exemple des progrès faits par les grandes entreprises, en collaboration avec des institutions internationales, en matière de lutte contre la corruption et de respect des normes du travail. Il défend même l'idée que ces formes de coordination volontaires pourraient s'appliquer à des activités financières dont le caractère spéculatif est l'objet de vives critiques – en l'occurrence au fonctionnement des fonds spéculatifs (*hedge funds*). En raison de leurs caractéristiques intrinsèques, spécialement la nécessité d'une certaine opacité sur leurs positions et plus largement leur stratégie, une régulation publique de ces fonds aurait pour effet de frustrer les «aspirations de ceux qui participent au marché». Elle ferait obstacle à la liberté d'entreprendre, car ces fonds peuvent fort bien «découvrir des stratégies d'investissement nouvelles et créatives», et pratiquement la quantité d'information qu'il conviendrait de collecter pour contrôler leurs activités semble rendre toute régulation externe illusoire. Pour Donaldson, la seule solution passe par une «coordination morale volontaire» de ces acteurs. Elle conduirait à la définition de «bonnes pratiques» par les fonds spéculatifs eux-mêmes, c'est-à-dire de normes relatives, par exemple, à la transparence de leurs opérations [1].

Ce genre d'argument renvoie aux problématiques relatives à la régulation des entreprises à l'échelle du monde. Il existe une pluralité de dispositifs et d'initiatives en matière de responsabilité sociale de l'entreprise, qui constituent ce qui est souvent désigné par l'expression «*soft law*». Gendron, Lapointe et Turcotte les divisent en deux catégories selon

1. T. Donaldson, «Hedge fund ethics», *Business Ethics Quarterly*, 18(3), 2008, p. 405-416. Conformément à son approche contractualiste basée sur deux types de contrats, Donaldson suppose que ces normes, qui relèvent d'un micro-contrat social, devraient être placées sous le contrôle d'une hypernorme d'efficacité selon laquelle les acteurs doivent préserver l'intégrité du marché.

qu'ils privilégient des normes procédurales ou substantielles [1]. Leur déclaration conclusive selon laquelle « on peut entrevoir la consolidation d'un système de régulation hybride d'une rare complexité, porté par des acteurs multiples et articulant à la fois le national et le global, le public et le privé, le volontaire et l'obligatoire, et qui posera des défis sans précédent en termes de gestion et de transparence », peut être considérée comme allant dans le sens du capitalisme des parties prenantes. Leurs défenseurs peuvent y trouver confirmation qu'il est bien une narration, que celle-ci comprend des éléments normatifs et que sa finalité (faire évoluer les manières de penser la vie des affaires) commence à prendre corps à travers de multiples coordinations au plan international. Ces éléments factuels semblent contredire la position de Buchholz et Rosenthal, pour qui il est tout simplement faux de penser que des acteurs économiques peuvent s'associer volontairement et impliquer les parties prenantes dans leur fonctionnement pour satisfaire des besoins sociaux. Le pronostic de Neil Chamberlain sur la responsabilité sociale de l'entreprise, selon lequel « *même si elles le voulaient* », les entreprises ne pourraient « réorienter [leur] pouvoir afin de répondre aux besoins les plus urgents de la société » parce que « la totalité de leur pouvoir n'est pas unifié, ni vraiment collectif, ni organisé », semble démenti [2].

Les sceptiques considèrent que ces éléments factuels sont en quelque sorte des « masques », qu'ils reflètent le pouvoir et l'intérêt des grandes entreprises multinationales à maîtriser leur environnement régulateur. En bref, ces éléments témoi-

---

1. Gendron, Lapointe et Turcotte, 2004, *op. cit.*

2. N. Chamberlain, *The limits of corporate responsibility*, New York, Basic Books, 1973. Cité par Buchholz et Rosenthal, 2004, *op. cit.* (je souligne).

gneraient de la recherche d'un capitalisme sans entraves tel que celui promu par Friedman.

Les sceptiques trouveraient chez Freeman lui-même de quoi conforter leurs critiques. Comme Friedman, qui était libertarien, il privilégie la liberté et la responsabilité. Comme Friedman, il considère que l'autorité de l'État doit être réduite au minimum. Son pragmatisme lui permet en outre de résoudre la question des moyens et des fins. Dewey considérait qu'il y avait en quelque sorte codétermination des fins et des moyens dans le jugement et dans la délibération, et non subordination des moyens à une fin inaliénable. Freeman applique cette idée aux fins de l'entreprise. D'un point de vue instrumental et en se plaçant dans le cadre traditionnel de la dichotomie entre moyens et fins, le souci des parties prenantes est un moyen en vue de la fin consistant à maximiser les profits. Mais si l'on souscrit au point de vue pragmatiste, non seulement le moyen et la fin sont indissociables, mais le moyen peut fort bien devenir la fin « et engendrer à son tour de nouveaux moyens »[1].

Freeman va jusqu'à considérer que Friedman défend une certaine version de la théorie des parties prenantes, et que leur différence tient surtout à leur manière de décrire le fonctionnement de la vie des affaires. Et il interprète les contraintes éthiques formulées par Friedman (absence de tromperie et de fraude, respect des coutumes morales) comme le fait d'agir comme une personne pleinement responsable (conformément au troisième principe du manifeste). Agir comme Friedman l'exige revient, selon Freeman, à répondre à trois questions qu'un acteur peut poser dans toute situation de choix : « 1. Si

1. *Cf.* Agle *et alii*, 2008, *op. cit.*

cette décision est prise, quelles seront les personnes concernées par la création ou la destruction de valeur ; qui subira des torts et qui obtiendra des bénéfices ? 2. Quels sont les droits qui seront respectés et qui les détient ? 3. Quel genre de personne serai-je si je prends cette décision particulière ? » [1].

Recherche d'un noyau normatif anti-individualiste

Du point de vue de l'éthique normative, le test proposé par Freeman renvoie à trois perspectives : conséquentialiste, fondée sur les droits et relative à l'éthique de la vertu. Ceci pose la question de savoir à quel « noyau normatif » il se réfère exactement. Les fondements libertariens et pragmatistes ne suffiraient-ils pas à construire la narration qu'ambitionne le capitalisme des parties prenantes ? Il y a d'ailleurs lieu de se demander si les six principes du manifeste suffisent à engendrer une véritable narration, et si l'image d'un capitalisme fondé sur la « liberté de s'associer pour créer de la valeur » respecte effectivement la maxime pragmatiste. On peut en tout cas douter que cette narration puisse rendre compte de la pluralité d'intérêts des acteurs les plus directement concernés par cette création de valeur (riches actionnaires privés, petits porteurs, fonds de pension, États, fonds souverains, fonds spéculatifs, certaines organisations non gouvernementales, etc.). On peut aussi douter que l'ambition d'autonomie régulatrice du capitalisme des parties prenantes suffise à répondre aux questions essentielles qui se posent à l'échelle mondiale. Peut-être que des acteurs jouissant d'une liberté au sens libertarien parviendraient par exemple à s'autolimiter volontairement, si besoin était, pour contenir les effets de l'activité éco-

---

1. *Ibid.*

nomique sur l'environnement naturel et social. Mais comme Hans Jonas et d'autres l'ont affirmé, il est permis d'en douter.

Le manifeste de Freeman et de ses collègues pose deux questions à l'éthique des affaires, qui sont en réalité intimement liées. La première concerne l'hypothèse de l'individualisme. La seconde a trait à la place de l'éthique normative dans l'éthique des affaires.

L'hypothèse de l'individualisme conduit à penser la vie des affaires comme une scène où opèrent des acteurs isolés, non intégrés au tout dont pourtant ils font partie. Cette hypothèse fondamentale, sous-jacente à la thèse de séparation, a été dévoilée par certains auteurs qui ont en même temps proposé des cadres théoriques en vue de la dépasser. Robert Solomon, par exemple, rattache la notion de responsabilité sociale de l'entreprise à l'hypothèse d'individualisme. Cette notion part en effet de l'idée «que l'entreprise est une entité autonome, indépendante, qui doit *donc* prendre en compte ses obligations envers la communauté. Mais les entreprises, comme les individus, font partie intégrante des communautés qui les ont créées, et leurs responsabilités […] sont inhérentes à leur existence même en tant qu'entités sociales»[1]. Il montre que l'individualisme imprègne la vie des affaires dans beaucoup de dimensions, par exemple à travers les oppositions entre rôles professionnels et rôles privés, individu et collectif, employé et direction, entreprise et gouvernement. Sa perspective holiste, fondée sur une éthique de la vertu aristotélicienne, conduit à concevoir la vie des affaires comme une activité sociale et l'entreprise comme une authentique communauté.

---

1. R.C. Solomon, *Ethics and excellence*, Oxford, Oxford University Press, 1992, p. 149.

Deux autres perspectives normatives ont été invoquées pour combattre l'individualisme. Chacune centre son propos sur la *relation*. La première, l'éthique du *care* ou du souci d'autrui, fit l'objet de développements dans l'éthique des affaires au cours des années 90, certains auteurs parlant même d'une « firme féminine ». La démarche de Wicks, Gilbert et Freeman a consisté à dévoiler le fait que des métaphores utilisées pour décrire la vie des affaires contenaient plusieurs biais de genre en faveur d'une conception masculine de la réalité : individualisme, recherche de l'ordre face à l'incertitude du monde, langage du conflit et de la compétition, importance accordée à l'objectivité et à la hiérarchie dans les organisations[1]. Une éthique du *care*, le plus souvent inspirée des travaux de Carol Gilligan et Nel Noddings, permet de concevoir autrement l'entreprise et ses relations avec son environnement en soulignant l'importance de l'écoute des besoins des parties prenantes et de la recherche du maintien de la relation.

L'autre perspective s'inspire du pragmatisme traditionnel américain. Ainsi, pour Buchholz et Rosenthal, l'hypothèse de l'individualisme est un problème car elle a pour effet qu'aucune communauté authentique ne peut être envisagée : « dès lors que l'individu est considéré comme une unité séparable, l'individu et la communauté en viennent à s'opposer l'un et l'autre dans une tension irréconciliable »[2]. Et cette tension nuit à la recherche de « solutions mutuellement satisfaisantes aux problèmes sociaux » et à l'harmonisation des

1. A.C. Wicks, D.R. Gilbert et R.E. Freeman, « A feminist reinterpretation of the stakeholder concept », *Business ethics Quarterly*, 4(4), 1994, p. 475-497.

2. R.A. Buchholz et S.B. Rosenthal, « Business and society : What's in a name », *International Journal of Organizational Analysis*, 5(2), 1997, p. 180-201.

différents rôles assumés par chaque individu au sein de la société. Ils concluent que les entreprises devraient adopter la perspective de la société dans leurs décisions.

Freeman, l'un des représentants les plus éminents de l'éthique des affaires, affirme qu'une « justification normative fondationnelle » n'est pas nécessaire à la théorie des parties prenantes. Il ne veut certes pas dire que l'on peut se passer des théories morales normatives, mais plutôt qu'il ne faut pas élaborer une théorie normative à partir d'un noyau normatif unique [1].

Cette remarque situe le point où en est arrivé l'éthique des affaires. Elle oscille entre des approches contractualistes renouvelées, narrations fidèles du monde économique actuel (celle de Freeman en fait partie), et des approches pluralistes, soucieuses de ne pas laisser en chemin le point de vue du *tout*, celui de la communauté humaine. Ce n'est que par une approche politique, relevant presque de l'éthique économique et sociale, qu'elle parviendra à sortir de ce cercle.

---

1. *Cf.* Agle *et alii*, 2008, *op. cit.*, et Freeman, 1994, *op. cit.*

TABLE DES MATIÈRES

QU'EST-CE QUE L'ÉTHIQUE DES AFFAIRES ?

INTRODUCTION	7
LES RÈGLES DE LA VIE DES AFFAIRES	14
L'analogie avec un jeu de stratégie	14
Critiques de l'analogie	17
La thèse de la séparation	19
LA DÉPENDANCE CONTEXTUELLE	28
Modèles de la décision éthique	29
L'hypothèse de rationalité morale fortement limitée	31
Première réponse : utiliser la faculté d'imagination morale	33
Deuxième réponse : équilibrer les biens internes et les biens externes	38
VERS DE NOUVELLES MANIÈRES DE PENSER LE RAPPORT DE L'ENTREPRISE AVEC LA SOCIÉTÉ	48
Minimum moral et engagement	49
La théorie des parties prenantes	53
Présentation de la théorie	54
Thèses de la théorie	58
Propositions épistémologiques	66

TEXTES ET COMMENTAIRES

TEXTE 1 : MILTON FRIEDMAN, *La responsabilité sociale de l'entreprise est d'accroître ses profits* 75

COMMENTAIRE 83

   La force du point de vue classique défendu par Friedman 88

      La recherche éclairée du profit 88

      La justification du devoir fiduciaire des dirigeants 92

   Critiques du point de vue classique 94

      L'entreprise comme agent moral 94

      La légitimité des dirigeants en matière de responsabilité sociale 98

TEXTE 2 : EDWARD FREEMAN, KIRSTEN MARTIN, BIDHAN PARMAR, *Le capitalisme des parties prenantes* 103

COMMENTAIRE 109

   Fondements théoriques du capitalisme des parties prenantes 112

      Justifications libertariennes et pragmatistes 112

      Liberté, responsabilité, autorégulation 113

   La question de la normativité 117

      La normativité des principes du capitalisme des parties prenantes 117

      Recherche d'un noyau normatif anti-individualiste 123

TABLE DES MATIÈRES 127

Imprimerie de la Manutention à Mayenne (France) – Novembre 2008 – N° 332-08

Dépôt légal : 4ᵉ trimestre 2008

DANS LA MÊME COLLECTION

Bruno AMBROISE, *Qu'est-ce qu'un acte de parole ?*

Jean-Pascal ANFRAY, *Qu'est-ce que la nécessité ?*

Anne BAUDART, *Qu'est-ce que la démocratie ?*

Bruno BERNARDI, *Qu'est-ce qu'une décision politique ?*

Christian BERNER, *Qu'est-ce qu'une conception du monde ?*

Hélène BOUCHILLOUX, *Qu'est-ce que le mal ?*

Christophe BOURIAU, *Qu'est-ce que l'humanisme ?*

Christophe BOURIAU, *Qu'est-ce que l'imagination ?*, 2ᵉ édition

Alain CAMBIER, *Qu'est-ce que l'État ?*

Alain CAMBIER, *Qu'est-ce qu'une ville ?*

Patrice CANIVEZ, *Qu'est-ce que la nation ?*

Stéphane CHAUVIER, *Qu'est-ce qu'un jeu ?*

Stéphane CHAUVIER, *Qu'est-ce qu'une personne ?*

Paul CLAVIER, *Qu'est-ce que la théologie naturelle ?*

Jean-Pierre CLÉRO, *Qu'est-ce que l'autorité ?*

Marc DE LAUNAY, *Qu'est-ce que traduire ?*

Guy DENIAU, *Qu'est-ce que comprendre ?*

Julien DEONNA et Fabrice TERONI, *Qu'est-ce qu'une émotion ?*

Jérôme DOKIC, *Qu'est-ce que la perception ?*

Éric DUFOUR, *Qu'est-ce que la musique ?*

Éric DUFOUR, *Qu'est-ce que le cinéma ?*

Hervé GAFF, *Qu'est-ce qu'une œuvre architecturale ?*

Pierre GISEL, *Qu'est-ce qu'une religion ?*

Jean-Yves GOFFI, *Qu'est-ce que l'animalité ?*

Gilbert HOTTOIS, *Qu'est-ce que la bioéthique ?*

Catherine KINTZLER, *Qu'est-ce que la laïcité ?*, 2 e édition

Sandra LAPOINTE, *Qu'est-ce que l'analyse ?*

Michel LE DU, *Qu'est-ce qu'un nombre ?*

Pierre LIVET, *Qu'est-ce qu'une action ?*, 2 e édition

Lorenzo MENOUD, *Qu'est-ce que la fiction ?*

Michel MALHERBE, *Qu'est-ce que la politesse ?*

Michel MEYER, *Qu'est-ce que l'argumentation ?*, 2 e édition

Paul-Antoine MIQUEL, *Qu'est-ce que la vie ?*

Jacques MORIZOT, *Qu'est-ce qu'une image ?*, 2 e édition

Gloria ORIGGI, *Qu'est-ce que la confiance ?*

Roger POUIVET, *Qu'est-ce que croire ?*, 2 e édition

Roger POUIVET, *Qu'est-ce qu'une œuvre d'art ?*

Manuel REBUSCHI, *Qu'est-ce que la signification ?*

Franck VARENNE, *Qu'est-ce que l'informatique ?*

Joseph VIDAL-ROSSET, *Qu'est-ce qu'un paradoxe ?*

John ZEIMBEKIS, *Qu'est-ce qu'un jugement esthétique ?*